노년의 발견

인생에 노년이 필요한 이유

◇◇◇

윤성희

더좋은출판

늙음의 특권을 누려보지 못한 젊은 아버지께

책을 펴내며

 내가 아직은 젊다고 느끼고 있을 때 노년은 내 문제가 아니었다. 주위의 몇몇 나이 드신 분을 보면서 나중에 나는 저렇게 늙지는 말아야지 하는 생각을 하기는 했다. 또 어떤 분을 보면서는 나중에 나도 저분처럼 늙어갔으면 좋겠다고 생각했다. '나중에'였다. 그러나 앞으로 올 날의 어느 때로 유예해 둔 늙음의 시간은 그리 멀리 있는 추상적인 미래가 아니었다. '사물이 거울에 보이는 것보다 가까이 있음'이라고 새겨진 자동차 사이드미러의 글귀처럼 그것은 생각보다 가까이 있었다. 아니다. 늙음은 그때도 이미 진행 중이었다는 말이 옳다.
 '젊다'는 형용사고 '늙다'는 동사다. '젊어간다'는 말은 없어도 '늙어간다'는 말이 존재하는 것만 보아도 알 수 있다. 누구에게나 늙음은 진행형이다.
 나는 이미 우리 사회가 공인한 노인이지만 어떤 자리에서는 젊은이로 통한다. 어떤 때는 아직 젊다고 생각하다가도 또 어떤 때는 스스로 늙었다고 생각하기도 한다. 하루 동안에 일어나는 생각의 변덕이 밀물과 썰물처럼 오고간다. 그만큼 '젊다', '늙다'는 상대적이고 주관적이며 상황적인 개념인 것이다. 그렇지만 분명한 것은 누군가가 아무리 젊게 보인다 해도 늙어감의 시간은 결코 정지되지 않는다는 사실이다.

    젊음과 늙음 사이에는 경계나 기준이 있는 것이 아니다. 비교 철학자인 프랑수아 줄리앙이 묻는다. 우리가 남부 프랑스로 이동할 때 언제부터 프로방스에 있다고 할 수 있는가? 지리적 경계선에서부터인가? 첫 번째 갈매기를 본 순간부터인가? 같은 방식으로 나도 묻는다. 노년은 언제부터 시작된다고 할 수 있는가? 스무 살의 노인도 있고, 아흔 살의 청년도 있다지만 이 역시 주관적인 문제에 불과하다.

    그러나 한편으로 생각하면 노화에 대한 인식이 꼭 주관적인 감각이라고만 할 수는 없다. 늙음은 누구에게나 부지불식간에 찾아오지만 몸이 먼저 그 순간을 알아차린다. 소화기능도, 근력도 예전 같지 않다고 느끼면서 더 이상 내 몸에 대해 모른 척할 수 없게 되는 때가 온다. 자전거를 타고 테니스를 하고 무거운 물건을 드는 일을 더 이상 하면 안 된다고 알려주는 경고등이 빈도를 높여 번쩍이기 시작한다. 의사의 권고를 받아들여 걷기 운동에라도 나서보지만 보폭은 나날이 줄어들고 속도는 갈수록 느려진다. 역할에도 변화가 찾아온다. 세뱃돈을 받던 나이에서 드리는 나이로, 이제는 받고 또 주는 나이로 위치가 바뀐다. 언젠가부터는 보호자로 살다가 보호를 받는 사람으로, 가족을 부양하다가 요양을 받는 사람으로 처지가 바뀌는 날도 올 것이다. 확실한 발견의 시간이다.

인정하고 싶진 않지만 그 발견된 것은 하나의 '사실'로 확정된다. 젊을 때는 철이 없지만 늙어서는 힘이 없다. 이 사실을 인정하고 보니 그때 드는 생각이 '이왕 늙으려면 곱게 늙자'였다. 곱게 늙는다는 것은 품위 있게 늙는다는 말과 같다.『기품의 룰』을 쓴 가토 에미코가 말한다. "재력과 권력, 미모는 언젠가는 사라진다. 유일하게 사라지지 않는 것은 기품이다".

기품 또는 품위는 인생의 황혼기가 찾아와도 퇴행하지 않는 정신의 능력에서 온다. 퇴행하지 않으려면 계속 성장해야 한다. 어린아이만 성장하는 것이 아니라 사람은 누구나 성장할 수 있다. 신체가 아니라 정신이기에 죽을 때까지 성장할 수 있다. 내가 이 책에서 성장과 성숙을 혼용해서 쓴 까닭이 여기에 있다. 성숙은 시간을 연료로 하는 인격의 익힘이다. 그러므로 노년은 성장과 성숙을 성취하기에 딱 좋은 나이다. 품위와 성장을 이 책을 관통하는 주제로 삼은 것은 그런 이유다. 나는 곱게 늙고 싶다. 품위 있게 나이 들어가고 싶다. 그런 의미에서 이 책의 독자는 일단 나 자신이다.

이 책에서는 시와 소설을 자주 인용했다. 어쩌면 시로 발견하는 노년, 소설로 읽는 노년일 수도 있겠다. 좋은 시는 가장 짧은 문장으로 가장 긴 여운을 주는 문학의 정수라는 말이 있다. 깊은 의미와 긴 사연, 절절한 아픔들을 응축한 문장이 시인 것이다. 우리는 거기서 행간까지 더듬으며 감정을 이입해보고 응축이 만들어내는 공감의 폭발음을 들을 수 있다. 소설은 어떤 문제에 대한 정답을 제시해주지는 않지만 현실에 대한 질문을 던져준다. 인물들이 발설하는 심리의 디테일을 살아봄으로써 인생을 확장할 수 있다. 영국의 소설가 존 버거가 "이야기 한 편을 읽을 때 우리는 그것을 살아보는 게 된다"고 한 것도 그런 데에 의미를 둔 발언일 것이다. 이 책에 인용한 시와 소설이 내가 말하고자 하는 취의를 더 섬세하게 뒷받침해줄 것으로 기대해본다.

    나는 천성이 많이 게으르다. 오랫동안 이 책을 준비만 하고 있는 내 게으름을 단속하며 글을 쓰도록 독려해준 고경호 교수에게 감사드린다. 그는 흉터가 생기지 않도록 자존심을 살짝살짝만 건드리면서 동기부여를 해주었다. 아예 출판사를 만들자고 발의하고 실무를 총괄해준 노준희 대표 또한 고마운 사람이다. 그밖에도 함께해준 여러분들 덕분에 출판사와 함께 내 책이 만들어질 수 있었다. 이분들에게 갚아야 할 빚이 많다.

목 차

책을 펴내며

환갑 / 60이라는 이정표 ··· 15
안주 / 자폐 혹은 죽음의 다른 이름 ······················· 22
나잇값 / 노인네에서 어른으로 ······························· 29
감사 / 덕분에와 때문에 ·· 44
주책 / 이 인간이 정말 ·· 58
까치발 / 올라서면 보이는 것들 ······························ 67
건망증 / 행복의 또 다른 길 ···································· 76
요양원 / 지상의 마지막 거처 ·································· 83
고려장 / '후레자식'을 위한 위로 ····························· 90
친구 / 유붕자원방래, 불역낙호 ······························· 97
사촌 / 가깝고도 먼 혈육 ·· 107

고향 / 몸 따로, 마음 따로 　114

족보 / 물보다 진하다는 피 　122

자식 / 내가 너를 어떻게 키웠는데 　132

부부 / 이 또한 사랑하리라 　144

사별 / 이룰 수 없는 필레몬의 소원 　161

인생 / 요람에서 무덤까지 　169

청춘 / 다시 오지 않는 봄 　181

나이 / 우리 몸의 학적부 　190

장수 / 오래된 꿈 　196

불로장생 / 생사의 순환이 멈춘 디스토피아 　205

무덤 / 창문 없는 집 　213

노년의 발견
인생에 노년이 필요한 이유

60이라는 이정표
환갑

  60이라는 숫자는 개인사에서 상당히 의미 있는 시간이라 할 만하다. 이순, 환갑, 진갑으로 이어져 마침내는 우리 사회제도가 노인으로 공인하는 시간대를 바라보기 시작하는 나이다. 망노인望老人이라고나 할까? 노인에 다가서기 시작했으니, 생의 주름진 화살표 앞에서 누구든 만감이 교차하지 않을 도리가 없을 것이다. 예전에는 이 앞을 지날 때 왁자지껄 시끄럽기가 굉장했었다.

  환갑 진갑을 지나갈 때 내 심정은 어땠을까? 물론 덤덤했다. 특별한 느낌은 오지 않았다. 다른 때 생일처럼 가족들과 조촐히 식사 한 번 하는 것으로 나는 그 화살표 앞을 조용히 통과했다. 한 가지 생각나는 게 있기는 하다. 몇 사람이 함께하는 문학 모임에서 관례에 따라 근사한 파티를 선물해 주었다. 그게 다였다. 내 인생의 갑년甲年은 무지개색의 경계만큼이나 앞과 뒤가 티 나지 않게 흘러갔던 것이다.

  그러나 생각해 보면 육십이라는 생애의 숫자는 결코 가벼이 볼 만한 게 아니다. 우선 공자께서 말씀하신 '이순耳順'의 뜻을 짚어보자. 공자께서는 불혹이니, 지천명이니 하는 표현으로 우리가 나아가야 할 윤리적 자기실현의 목표를 제시하였다. '나이 60이 되면 이순해라'라고. 나는 마치 이순이라는 단어가 명령을 포함한 금지형 동사처럼 여겨진다. 귀를 부드럽게 해라, 이 말은 곧 꼰대가 되지 말라는 뜻 아닐까.

귀를 순하고 부드럽게 한다는 것은 한쪽 귀로는 듣고 한쪽 귀로는 내다 버려, 남의 말을 전혀 접수하지 못하는 그런 고집불통이 되지 말라는 교훈으로 들린다. 나이가 들면 젊을 때의 신체기능이 퇴화할 수밖에 없다. 귀의 기능도 당연히 퇴화한다. 귀가 퇴화하고 입은 여러 가지 기능 중에 말하는 기능만 남아있는 사람, 그런 사람이 꼰대가 되고 불통이 된다. 그래서 꼰대를 개구리에 빗댄 사람도 있다.

> 개구리는 올챙이 시절을 기억하지 못한다. 꼰대들의 편리한 기억법과 일치한다. 또 아는 건 우물 하나 크기면서 시도 때도 없이 그 큰 입을 들썩이며 떠든다. 하지만 그가 떠드는 소리를 자세히 들어 보면 맨날 그 소리다. 어제도 개굴개굴. 오늘도 개굴개굴. (정철, 『꼰대 김철수』)

아주 훌륭한 지적이다. 개구리는 귀가 없다. 고막이라는 것이 붙어 있기는 한데 진동으로 반응하는 것이라서 와글와글 울다가 사람

소리라도 들릴라치면 잠시 중단했다가 이내 또 같은 소리로 울어댄다. 꼰대와 개구리의 공통점이 유치幼稚에 대한 기억의 부재라는 점도 새겨둘 만하다.

"너 연탄가스 마셔 본 적 있냐, 엉뚱한 가스나 마시고 해롱거리는 놈들! 딴 얘기 할 것도 없다. 밥 굶어본 적은 있냐, 뭐? 밥 없으면 라면 먹으면 된다고? 물정 모르는 놈!" 이렇게 외치고 싶은 꼰대의 마음 이해는 한다. 세상 물정 모르는 놈들을 향하여 세상 물정을 가르쳐 주고 싶은 거다. '우리가 젊었을 때는' '요즘 젊은 애들'이 안 해본 걸 다 해 봤다고 알려주고 싶은 거다. '내가 해봐서 아는데' 너희는 왜 우리처럼 안 하고 어쩌려고 그러느냐, 지적하고 싶은 거다. 참 한심해서, '늬들 위해서' 한마디 듣기 싫은 소리 조언해주고 싶은 거다. '나라고 이런 얘기 주구장창 하고 싶은 줄 아냐, 딱 이 말 한마디만 하고 고만 얘기 하련다, 너도 반론할 얘기 있으면 해 보고 없으면 정신 차려 살아라', 이렇게 말하고 싶은 거다. 그런데 이게 바로 꼰대가 하는 소리다. 개구리 올챙이 적 생각 못 한다고 말하려니 일본 하이쿠 한 구절이 생각난다.

홍시여 잊지 말게
너도 젊었을 때는
무척 떫었다는 것을

— 나쓰메 소세키

너무 유난 떨지 말라는 뜻이다. 노인 한 사람이 죽는 것은 도서관 하나가 불타는 것과 같다는 시절도 있기는 하다. 그런데 어쩌겠는가. 세상이 바뀌었다. 스마트폰의 기능은 얼마나 이용하고 있는가. 세탁기는 돌릴 줄 아는가. 종이 통장이 없어지고 있다는데 인터넷뱅킹, 모바일뱅킹은 할 줄 아는가. 나는 그런 것 신경 쓰지 않는다, 젊은 애들이 다 알아서 해준다고 말하면 그건 나는 꼰대라는 자백이다. 당신의 존재가 없다는 고백이다. 아는 게 없으므로, 속이 허하므로, 자격지심이 생기는 거다. 호주머니 비었을 때 허세 부리던 모습 기억나지 않는가. 괜한 호기 때문에 후회하고 아파하지는 않았던가. 그래서 존재증명하려고 안달하는 것이다. 나 여기 있다고, 그 잘나가던 내가 아직 죽지 않고 살아 있다고 외치고 싶은 거다. 심리적으로는 그러는 게 맞다. 망가진 자존심, 눈꼴사나운 세상, 죽비 같은 걸로 한 대 후려치고 싶어진다. 책상 앞에 앉아서 하라는 공부는 하지 않고 멀뚱하게 딴생각만 하던 자식놈 등짝을 내려치듯이.
 슬며시 치밀어 오르는 분노와 자격지심, 그런 감정들을 지그시 누를 수 있어야 한다. 마냥 액셀러레이터를 밟으면 위험하다. 자신을 우상화하고픈 욕망을 브레이크를 밟듯이 조용히 누를 수 있어야 한다. 꼰대들의 자기 우상화는 어디서 오는가. 한물가서 뒷방 늙은이로 지내는 현재의 부실한 처지에 대한 자격지심에서, 또는 '나도 왕년에는'이라는 과거의 자부에서 나오는 게 아니던가. 자신을 가두고 있는 과거로부터 벗어나야 한다. 꼰대 탈출하셔야 한다. 그러려면 결국 경직된 귀를 부지런히 닦고 문질러서 유연하게 해야 하는 것이다. 그게 곧 공자께서 제시한바 '이순하라'는 자기 명령이었던 것이다. 60살쯤 되면 질주를 위한 액셀러레이터에서 발을 떼고 새로운 이정표가 가리키는 위치를 확인해 보라는 것이다.

사실 예순 살 너머의 세계는 꼰대 짓만 멈춘다면 참 가볼 만한 멋진 여행지가 될 수 있다. 이정표가 가리키는 곳을 보면 꽤 아득한 시간의 개활지가 펼쳐져 있다. 느긋한 내면의 바다 한가운데로 새로운 시공時空의 길이 뚫리기 시작한다. 이제 우리가 나아가야 할 길의 방향은 분명해진다. 내면이다. 지금까지의 삶의 방향이 '위로, 옆으로'였다면 이제부터는 '아래로, 안으로'여야 한다. 축적과 성장의 오르막으로부터 이제는 아래를 향해 성장하는 것, 곧 깊어지는 것이다. 내면의 바다 아래로 점점 깊어질 수 있도록 성장을 멈추지 말아야 하는 것이다. 높아지려 하지 말고 깊어져야 하는 것이다. 내면으로 깊어진다는 것은 정신의 저차원 상태에서 고차원의 상태로 옮겨가는 여행이다.

그러니 예순 살이 되고 또 예순의 굽이를 돌아 다시 갑년을 향해 가는 것은 다시 태어나는 일에 비견될 만하다. 그게 또 '새로운 시작'이라는 갑년의 말뜻이기도 하다. 다니엘 페나크Daniel Pennac의 소설 중에 『몸의 일기』라는 장편소설이 있다. 한 남자가 10대부터 80대까지 몸에 관해 쓴 일기 형식의 소설이다. 거기 티조라는 동생이 60세 생일을 맞은 주인공에게 건배를 청하며 하는 대사 한 대목이 떠오른다. "형은 50대 중에선 가장 늙은 사람이었지만, 이제 60대 중에선 가장 젊은 사람이 된 거야. 소년으로 새로 태어난 거지. 형, 만세! 그만하면 멋져. 이제 촛불 60개를 다 끄라고. 그럼 또다시 태어나는 거야!" 다시 태어났으니 성장을 멈추지 말아야 한다. 대신 위가 아니라 아래로, 밖으로가 아니라 안으로.

인도의 라다크 사람들에게는 이런 아름다운 속담이 전해온다. "호랑이의 줄무늬는 밖에 있고, 인간의 줄무늬는 안에 있다". 나는 이 말을 바꾸어보려고 한다. "예순 살 이전의 줄무늬는 밖에 만들고, 예순 살 이후의 줄무늬는 안에 만든다." 젊어서는 육체의 아름다움에 마음을 썼다면, 나이 들어서는 내면의 아름다움에 더 집중하자는 말이다. 우리만 못한 문명을 가지고 사는 라다크인들의 말이지만 유연하게 귀를 기울여 새겨볼 만한 가치가 있지 않은가.

지난날 우리에게는 가령, 초등학교에 들어가거나 고등학교를 졸업할 때, 어떤 매듭 하나를 처리하는 의식이 있었다. 뭔가 하나를 해냈다는, 또는 해내야 한다는 심리적 결절結節이 있었다. 식물은 보통 이 결절에서 가지와 뿌리가 생겨나기 시작한다. 우리 삶도 다를 바 없다. 새로운 직장에 들어갈 때, 가까운 친척이나 친구의 죽음을 마주할 때, 연인이나 배우자를 만날 때, 그 밖에도 크고 작은 일들을 겪을 때, 그럴 때마다 우리는 삶의 뿌리나 가지 하나를 새로 얻을 수 있다. 우리의 이런 경험들은 그럴 때마다 어떤 한 모퉁이를 돌았다는, 또는 미지의 영역으로 한 발 크게 내디뎠다는 각성을 갖게 하였다. 그때마다 우리는 그 자리에 기념비 하나씩을 세우거나 이정표를 남겨두었다.

그런데 이번 60이라는 이정표 앞에서는 좀 다른 생각을 하게 된다. 새로운 기념물 따위는 더 이상 관심 두지 말자, 라고. 이제는 바쁠 것도 없이, 무엇이 되려고 할 것도 없이 그 많은 시간 동안 그저 깊어지기만 하면 된다. 예전의 성장은 위로 뻗어 올라가기 위한 에너지 활동이었지만 이제부터의 성장은 에너지 사용량을 과감히 줄이는 초절전 중력 활동이다. 자연의 원리에 순행하거나, 치즈나 와인처럼 시간이 가면 익어서 풍미가 우러나게 지금까지의 경험이나 한둘 살짝 얹어둘 일이다. 어지러운 세상에 길을 잃지 않도록 밤새 빛을 비춰주는 나만의 등대나 하나 세워둘 일이다.

자폐 혹은 죽음의 다른 이름
◇◇◇
안주

　대중가요 중에도 우리 삶을 돌아보게 하는 묵직한 메시지가 담긴 노래들이 있다. 그중 하나가 화이트가 부른 〈네모의 꿈〉이라는 노래다. 우리 세계가 온통 네모로 이루어져 있다는 것이다. 네모난 침대에서 일어나 네모난 창문으로 풍경을 본다. 네모난 테이블에 앉아 네모난 신문을 보고, 네모난 책가방에 네모난 책을 넣고 네모난 버스를 탄다. 네모난 학교, 네모난 책상, 네모난 컴퓨터, 네모난 지갑, 네모난 명함, 네모난 달력, 네모난 집⋯.
　실제로 우리 일상은 네모로 구성되어 있고 네모 안에 배치되어 있다. 삶의 네모화다. 이 〈네모의 꿈〉은 1996년 발표 이후 20여 년간 초등 교과서와 동요 앨범에 수록되었고 그림책으로 출간되기도 하면서 국민가요급의 인지도를 갖고 있다. 노래를 만들고 부른 이는 유영석이라는 뮤지션이다.
　시인 이지엽은 이 대중가요의 시적 인식을 변주하고 요약한 것처럼 보이는 또 다른 네모의 세계를 「사각형에 대하여」라는 시로 내놓는다. 시인은 우리의 일상을 둘러싸고 있는 "거대한 네모의 세계/틀 안의 명료한 질서가 우리를 지배한다"고 말한다. 인류는 지금 사각형이라는 틀 안에 들어와 있다. 사각형은 모서리로 이루어진 틀이다. 틀이라는 규격화된 질서는 안정감을 주지만 우리를 안주하게 만들기도 한다. 질서는 현재의 삶의 방식을 당연한 것으로 안주하게 하는 위태로운 균형이다. 사각형은 균형이라는 완전성을 가장한 불완전한 프레임이다. 사각형은 구조상 앞으로 나아가지 못한다. 큐브 같은 사각형을 굴려보면 공을 굴릴 때와 다르다는 것을 안다. 그것이 크고 무거울수록 제대로 구르지 않는다. 그러므로 사각형은 멈춤이고 경직이다. 물에 빗댄다면 공은 유동하는 물이고 사각형은 고인 물이다. 계란이 만일 사각의 입방체였다면 닭은 알을 품어 굴리지 못하고 부화는 불가능할 것이다. 사각형은 그런 점에서 불임이고 불모인 셈이다.

체호프는 또 다른 사각형인 '상자'의 비유를 들고나온다. 「상자 속의 사나이」라는 단편에서다. 시골학교의 그리스어 교사인 베리코프에 관한 이야기인데, 동료 교사였던 불킨을 통해 그의 인물됨을 소개한다. 그는 늘 외투 깃을 세워 그 속에 얼굴을 파묻고 살아가고, 마차를 타더라도 꼭 포장을 내려서 자신을 드러내지 않으려 한다는 것이다. 불킨의 말은 계속 이어진다.

"한마디로 그 사람은 외부로부터 자신을 보호해주는 방어막, 이를테면 상자를 만들려는 결연한 의지로 가득 차 있었습니다. 현실은 그를 화나고 불안하게, 두렵게 만들었어요. 언제나 과거, 그것도 결코 존재하지 않았던 시절을 찬미했던 것도 아마 그런 나약함과 현실 도피 성향을 정당화하기 위해서였겠지요."

그는 세상으로부터 자신을 감추거나 움츠리고 있어야 안심이 되는 사람이다. 프랑스 작가 미셸 투르니에가 말한 이른바 '볼바시옹 volvation'의 심리 상태를 가지고 있는 존재였던 것. 고슴도치는 조금만 위험을 느껴도 몸을 공처럼 동그랗게 움츠리는데, 이런 반사적 행동이 바로 볼바시옹이라는 것이다. 고슴도치는 자기 생명을 지키려는 방어적 행동 때문에 길을 건너다가 자동차가 달려들 경우에는 꼼짝없이 차에 치이고 마는 수가 있다. 방어가 자살을 부르는 꼴이다. 베리코프 역시 그런 사람이다. '사람들과 접촉하기를 꺼리고 마음을 터놓지 않는' 닫힌 심리는 결국 그를 사회적 죽음으로 몰아간다. 다시 불킨의 말이다.

"세상에는 꿀벌이나 달팽이처럼 천성이 고독하고 그저 자기 껍질 속으로 들어가려는 사람이 적지 않죠."

베리코프가 그런 사람이라는 것이다. 베리코프에게 두꺼운 외투,

색안경, 우산, 장갑, 커튼으로 둘러싸인 좁은 침대 등 몸을 가리는 일상의 장치는 또 하나의 인위적인 '껍질'이다. 그 껍질 속으로 자신의 생각과 언동을 폐쇄할 뿐 아니라 주변 사람들의 생각과 행동까지도 구속한다. '상자'라는 껍질 속에 자신을 가두고 있으므로 바깥의 세계에는 시선을 보낼 수 없게 된다. 그는 확실히 상자라는 강박에 사로잡혀 있다. 상자 속으로 자신을 격리하고 그렇게 함으로써 자신을 방어할 수 있다고 믿는다. 그의 상자에서는 성장이나 확장은커녕 작은 변화마저도 일어나지 않는다. 벨리코프에게는 과거의 세계, 그리스어의 세계만이 존재하고 인간마저도 그리스어로 명명되는 '안트로포스'일 뿐이다. 상자는 정체停滯이고 경직이며, 규격이고 획일일 수밖에 없기 때문이다.

"아무 일도 생기지 말아야 할 텐데."

이 말을 입에 달고 사는 베리코프에게 바렌카라는 여성과의 혼담이 익어간다. 결혼은 누구에게나 '사건'이다. '나'와 '너'가 삶을 공유함으로써 '나'에서 '우리'로 이행하게 되는 큰 사건이다. 지금까지 경험해 보지 못한 미지의 세계로 '우리'가 되어 함께 나아가는 것이다. 그러나 '아무 일도 생기지 말'기를 바라는 이 사나이는 결혼으로 야기될 자기 세계의 변화에 대한 두려움을 이겨내지 못한다. 결국 '상자 속의 사나이'에게 결혼이라는 타자와의 만남은 끝내 실현되지 않았고, 결혼을 통하여 자신을 확장할 기회는 더 이상 오지 않고 말았다. 이제 벨리코프에게는 출구의 가능성, 곧 상자 속의 실존을 극복할 가능성이 존재하지 않는다. 출구가 없는 상자는 관이 되는 수밖에 없다. 상자 속의 삶은 이미 사회적 죽음의 삶을 내포하고 있지만 그것의 최종점은 죽음의 상징물인 관이 되는 것이다. 상자와 관은 실체적으로나 비유적으로나 동일한 것이라는 사실을 이 소설의 관찰자인 불킨이 다시 상기시켜 준다.

> "관 속에 든 그의 표정은 조용하고 편안해 보였으며 명랑해 보이기까지 했습니다. 흡사 드디어 상자 안에 들어가게 해주어서 이제 두 번 다시 그곳에서 나오지 않아도 된다는 것을 기뻐하고 있는 듯했습니다. 그렇죠. 그는 글자 그대로 자기의 이상에 도달한 셈입니다."

베리코프는 관에 들어감으로써 앞으로 일어날 모든 가능성에 마침표를 찍는다. 자폐의 문을 열고 그 앞에 새길을 낼 가능성, 내일이 새로운 하루가 될 가능성, 심지어는 지금까지 걸어온 길을 돌이켜 볼 가능성들에까지 못질을 함으로써 영원한 안주의 세계로 자신을 고착시킨다. 모든 살아있는 것들의 특징은 변하는 것인데, 변화를 두려워하던 베리코프는 마침내 화석과 유적의 세계로 사라질 수밖에 없었다. 벨리코프는 생물학적인 죽음이 찾아오기 전에도 이미 사회적으로 죽어 있었다. 그런 사람은 세월이 아무리 많이 흘러도 인생이 깊어지지 않는다. 시간이 성장을 견인하지 못하는 교착 상태에서 한 발짝도 앞으로 나아가지 못한다. 그런 점에서 자기 틀에만 갇혀 있는 사람은 죽음의 함정에 든 사람이다. 안주와 자폐의 철책을 두르고 자신의 척도에서만 세계를 바라보는 사람에게는 생명이 활착하지 않는다.

리베카 솔닛이 쓴 『멀고도 가까운』이라는 에세이를 읽다가 죽음의 또 다른 비유를 발견했다. 탐험가인 프로이켄이 북극을 여행하다가 죽을 뻔했던 이야기다. 그가 1923년의 이른 봄에 원주민 촌락 주변을 여행하던 중에, 숨겨 두었던 보급품을 찾으러 혼자 나갔다가 눈보라 속에서 길을 잃었다. 할 수 없이 임시로 굴을 파고 짐이 실린 썰매로 입구를 막은 다음, 바다표범 가죽으로 빈틈을 가리고 밤을 새웠다. 그런데 밤새 눈이 쌓이고 그것이 그대로 얼어 버려 꼼짝도 하지 않게 되자, 어둠 속에서 그는 아주 작고 추운 공간에 갇힌 신세가 되었다.

굴속을 탈출할 어떤 도구도 없었을 때 아이디어가 떠올랐다. 똥을 눈 다음 자기 분비물이 단단히 얼기를 기다렸다가 그걸로 얼음을 쪼개기 시작했다. 그리고 한 숨씩 한 숨씩 자신의 숨을 모아 입김으로 얼음을 녹여 썰매를 아주 조금씩 옆으로 물렸다. 겨우 밖으로 나온 그는 힘겹게 기어갔고, 그렇게 세 시간을 기어서 마침내 동료들이 있는 곳으로 돌아왔다. 그 사이에 한쪽 발이 완전히 얼어 버렸고 그는 결국 그 발을 잃게 되었다. 그리고 목숨을 잃은 대신 발 하나를 잃은 것을 천운으로 여길 수밖에 없었다.

리베카 솔닛을 읽으면서 문득 이런 생각을 했다. 그건 결국 누에가 자기 스스로 만든 고치에 갇힌 것이 아닌가. 우리도 자기 고치를 만들어 스스로를 위험에 빠트리지는 않는가. 그나마 그 북극 탐험가는 뒤늦게라도 죽을힘을 다해 고치를 뚫고 나오지 않았는가.

사실 우리에게는 스스로 만든 고치가 많다. 습관이라는 고치, 익숙함이라는 고치, 경험이라는 고치, 과거라는 고치, 안주라는 고치…. 그런 고치들에 갇혀 있으면 필연으로 맞이할 것은 죽음뿐이다. 죽지 않으려면 목숨을 걸고 고치를 뚫어야 한다. 얼린 자기 분비물과 체온이 만든 숨을 도구 삼아 얼음벽을 물린 탐험가처럼 다리를 질질 끌고라도 앞으로 나아가야 한다. 생명을 지키기 위해서는 변화하고 성장해야 한다. 성장의 문턱에는 그걸 막으려는 무서운 파수꾼이 지키고 있을지도 모른다. 그러나 그렇더라도 크지 않는 것은 바보와 죽은 자뿐이다. 파수꾼과 맞서야 하는 이유다.

노인네에서 어른으로
나잇값

"너희는 백발이 성성한 어른 앞에서 일어서고, 노인을 존경해야 한다."(「레위기」) 노인들에게 이 말은 위로와 응원의 메시지가 된다. 성경의 권위로 떠받쳐주는 명령이니 세상 젊은이들이 뼛속에 금과 옥조로 새겼으면 하는 어록이다. 거기다 노인을 특별히 예우하고 대접해준 세종의 실천 사례까지 떠올리면 노인의 기는 더욱 양양해진다. 세종 임금은 "나이 많은 사람을 존경해야 효제孝悌의 풍속이 두터워진다."(「세종실록」)면서 90세 이상의 노인에게 관직과 봉작封爵을 제수했다. 설령 그가 천인일지라도 100세가 넘으면 천인을 면해주는 것은 물론 남자에게는 7품을, 여자에게는 봉작을 내려주었다. 80세 이상의 노인들에게는 양로연養老宴을 베풀었는데, 이때도 신분을 따지지 않고 모든 노인을 참석하게 했다.

노인 대접은 지금이라고 크게 다르지 않다. 누군가는 나이 들어서 좋은 게 지하철 공짜표밖에 없다고 투덜대지만 지하철을 무료로 태워주는 나라가 우리나라 말고 또 있던가. 어떤 데서는 나이 들었다고 버스도 공짜로 타고 다니게 해준다. 기차 요금도 할인해주고 고궁이나 박물관 입장료도 깎아주는 세상이다. 시골에 가면 경로당에서 점심 저녁밥을 차려주고 봄가을로 관광도 시켜준다. 임플란트도 싸게 해주고, 동네 의원에서는 병원비도 기본요금으로 받는다. 나라가 나서서 노인을 이렇게 챙겨주는 일은 성군 세종 시절에도 하지 못했던 대접이다. 그러니 노인들 세상이 어찌 살맛이 나지 않겠는가. 그런데 이게 진짜 살맛인가 하고 생각하면 왠지 좀 찜찜하기는 하다.

노마지도老馬知道라 해서 늙은 말은 잡아먹지 않는다는 옛말도 있건마는 무얼 좀 알려주려 하면 '젊은 것'들은 꼰대 짓을 한다며 손사래를 치기 일쑤다. 내비게이션이 있는데 뭐가 걱정이냐는 뜻이겠다. 그래도 물러서지 않고 '노방출주老蚌出珠'라는 옛말의 뜻을 아느냐고 물어본다. 풀이하면 '늙은 조개가 구슬을 낳는다'는 것이니, '노老'란 곧 보배고 값진 것 아니냐고 강변하고 싶은 거다. 하지만 요즘은 진주도 양식장에서 2, 3년이면 무더기로 생산해낼 수 있어서 웬만한 것은 보석 반열에 끼지도 못하는 터라 옛말이 무색하다.

당신은 일곱 살짜리 손주보다 스마트폰을 잘 다루는가? 우리의 어떤 능력은 유치원 다니는 어린애에게도 미치지 못한다. 그럼 다시 물어보자. 남자든 여자든 당신이 당신 키만 한 중학생보다 잘 할 수 있는 일은 얼마나 되는가? 오래 따져보아야겠지만 수백 가지 능력 중에 70이 내일인 나는 당장 열 손가락도 다 꼽지 못하겠다. 나이라는 계급장을 떼고 보면, 잠재능력은 물론이고 내가 할 수 있는 많은 능력을 그동안의 세월이 집어삼켰을 것이다. 아무리 기능이 좋고 비싼 차도 때가 다하면 고철이 되고 마는 이치다. 능력이라는 아이스크림은 이제 녹아 흐르는 중이다. 물론 장점은 다른 문제다. 그것은 앞으로 얼마든지 더 확장하고 심화해 갈 수 있을 것이다. 그러나 능력은 더 이상 환원되거나 확장될 가능성이 없는 덧없는 것이 되고 말았다. 아프지만 그게 현실이다.

'쓸모 있음'과 '쓸모없음', '필요 있음'과 '필요 없음'으로 구분되는 세상에서 사람의 가치는 나이가 들어갈수록 줄어들게 되어 있다. 근대의 성과주의는 시간의 축적과 경험의 총량을 더 이상 삶의 가치로 환원하지 못한다. 연장자의 경륜을 존중하는 미덕은 온데간데없어졌고 빠른 속도로 진화하는 과학기술에 기반한 물질주의 가치관이 의식을 지배하고 있다.

오늘의 소비사회에서 늙음은 곧 '낡음'이 된다. '낡음'은 '쓸모없음', '필요 없음'과 동의어로 취급되어 폐기 대상이 되고 만다. 노인들의 지하철 무임승차 때문에 도시철도의 적자가 눈덩이처럼 불어나고 있다는 뉴스가 들려올 때마다 이빨 빠진 호랑이의 자존심은 서리 맞은 낙엽처럼 부서진다. 한때 근대화의 주역이었다는 자부심은 속절없이 무너지고 자신의 전존재가 송두리째 부정되는 천덕꾸러기가 된다. 기술 진보 사회에서 성능이 더 이상 좋아질 리가 없는 노인은 잉여인간으로 전락한다.

사람이 살아가는 데 필요한 핵심 감정 가운데 하나가 존재감이다. 존재감을 인정받는 일만큼 중요한 것도 없다. 김춘수의 저 유명한 「꽃」이라는 시를 상기해 보자. "나의 이 빛깔과 향기에 알맞은/누가 나의 이름을 불러 다오./그에게로 가서 나도/그의 꽃이 되고 싶다."고 말할 때, 시적 주인공은 자신의 빛깔과 향기에 걸맞은 '꽃'으로서의 존재를 인정받고 싶은 것이다. '나'라는 존재감, 곧 자존감이야말로 인생에서 가장 중요하고도 근본적인 가치이자 의미이기 때문이다.

  그런데 노년으로 나아갈수록 '나'의 '빛깔과 향기'는 점점 지워지고 삭제된다. 자의식은 위축되고 자기 존재에 대한 확실성은 쇠락해 간다. 자동차, 집, 지위, 재산을 획득하는 쓸모로만 존재했던 사람에게 그 쓸모의 소진은 급기야 존재감의 상실로 이어진다. 집안에서나 집 밖에서 투명인간처럼 취급되고 노인은 자의 반 타의 반으로 '섬'이 되어간다. 장 그르니에가 말했던가. 섬에서는 바다가 주인이라고. 섬은 해무로 가려져 있고, 노인은 이제 세상의 주인이 아니다.

  그럴 때 어느 보수단체 집회에서, 혹은 만병통치약을 판다는 건강식품 홍보관에서 귀가 번쩍 뜨이는 목소리가 들려온다. "어르신들 덕분에 우리가 지금 이렇게 잘살고 있다, 어르신들이 진정한 애국자다"라는. '어르신'이라고 불렀다. '어르신들 덕분'이라고 말했다. 아무도 주목해주지 않던 존재에게 이토록 다정히 귀 기울여주던 이웃은 없었다. "오랜 세월 참으로 고생이 많으셨다"는 공감과 위로의 이 한마디에 잦아들던 맥박이 다시 뛰기 시작한다. 수명이 다해 깜박거리는 형광등을 교체하자 온 방 안이 새 빛으로 환해지는 느낌이 온다. 이 얼마나 코끝이 시큰하고 가슴이 뻥 뚫리는 복음인가. 그동안 수없이 들어오던 '노인네'라는 말속에 담긴 무시와 경멸의 삐주룩한 비아냥이 가슴을 콕콕 찔러 오던 터였다. 모름지기 인간이란 공감해주는 사람에게 진심으로 반응하고, 자기를 알아주는 사람을 위해 숨을 내놓는 법. 하여 자식보다 살가운 판매원에게 주머니를 털고, 다시 애국자가 되어 태극기를 손에 쥐고 목소리를 높인다.

노년은 '나 아직 안 죽었다'고 외친다. '나 때는 말이야'라며 어떻게든 지워져 가는 존재감을 되돌려놓으려 한다. 나날이 침하되어 가고 있는 존재를 예전의 위치로 건져 올릴 수 있을 거라고 생각한다. 그러나 세상은 여전히 자기 존재를 증명하기 위해 안간힘을 쓰는 노년에게 시큰둥하다. 노인의 사회적 존엄성은 세월의 썰물에 떠밀려 나가고 자신이 소속되어야 할 자리는 사라진 지 오래다. 한때 따뜻해지는가 싶던 방구들의 온기는 또 다른 냉기로 휩싸인다. 불땀이 센 참나무 장작이라 믿었던 연료는 고작 휴지 몇 조각이었을 뿐이다.

지하철의 임신부석에 앉겠다고 배가 남산만 한 임신부를 밀쳐내는 노인의 행위는 존재의 위치를 확보하고자 하는 보편적 인간 심리의 상징일지도 모른다. 자리란 존재의 권리, 권리를 요구할 권리를 뜻하는 것. 남이 나를 어떻게 생각하는지는 아랑곳없고, 무리한 부탁, 무례한 요구를 당연한 권리로 여긴다. 이렇게 절제되지 않은 노인의 행동은 노인 하면 떠오르는 부정적 이미지에 또 하나의 나쁜 이미지를 덧씌운다. 병, 상처, 소외, 아집, 불통, 욕심, 빈곤….

드디어 '노인'은 '노인네'로 전락한다. 노인네의 마음속에서는 불만과 분노가 풍선처럼 부풀어 오르고 그것은 터질 준비를 마친 채 기회만 기다리고 있다. '어른도 몰라보는' '싸가지 없는' '요새 것들'을 향한 만성적인 분노가 온몸을 휘감는다. 상대방을 할퀴고 찌르는 뾰족한 말투를 무기 삼아 공허한 권위를 방어하고 쟁취한다. 공공장소에서 새치기를 하면서도 동방예의지국에 사는 노인네들은 당당하다. 누군가 이를 저지하거나 불평을 하면 못 알아듣는 것으로 치부하면 그만이고, 구시렁대거나 넋두리하는 소리로 따가운 눈총을 돌려세우면 된다. 그것도 통하지 않으면 큰 소리의 육두문자라는 마지막 무기로 상황을 종료시킬 수 있다. 노인네들은 이것이 노인의 특권이라도 되는 양 행동한다. 하지만 이런 태도와 행동이야말로 정신의 퇴행을 입증하는 '노인네스러움'이 아니고 무엇이겠는가.

노년이 되어 '노인네', '늙은이'로 미끄러져 추락하는 데는 어쩔 수 없는 사회적 가족적 맥락이 있을 것이다. 거기에 더하여 나이라는 계급장을 내세우지 않고서는 존재를 입증할 길이 없는 개인의 한계가 문제행동을 일으키기도 한다. 나이 계급장은 신경세포에 새겨지고 나아가 굳은살로까지 세포 변이를 일으킴으로써 '노인네스러움'은 기질화된다. 사춘기 때의 문제행동은 나이가 들면 성장의 밑거름으로 바뀔 수 있지만 노인의 문제행동은 시간이 흐를수록 찌든 때처럼 고착된다. 징징대는 응석받이로 퇴행하거나 딱딱거리는 꼰대로 등극하거나, 노인됨을 그런 방식으로 표출한다.

나이가 들면, 일반적이고 정상적인 상황에서는 나이에 상응하는 대접과 예우를 받는다. 경제적인 면까지는 몰라도 사회적 편익이나 서열상의 우위를 얻을 수 있다. 일종의 서비스를 제공받는 셈이다. 서비스를 받으면 응당 대가를 지불해야 하는 것이 경제관계의 원칙이다. 나이로 이익을 얻었으니 나이로 값을 치러야 한다. 그것이 나잇값이다. 이익을 얻고서 값을 치르지 않는다면 불공정 행위가 된다. 호혜의 원칙에도 어긋난다. 나잇값을 치르지 않는 사람은 나이가 든 게 아니라 나이를 (처)먹은 것으로 치부된다. 나이를 (처)먹은 사람에게 품위란 게 있을 수 없다.

작가가 노인복지 기관에서 일하며 바라본 『노년의 삶』(추기옥)이라는 책에는 노인의 문제행동이 소제목으로 나열되어 있다. "옛날 물건을 못 버리게 해요/자꾸 약을 달라고 하네요/매사에 의욕이 없고 우울해하세요/식탐이 너무 심해요/감정이 하루에도 수십 번은 변하는 것 같아요/다른 건 다 정상인데 집안일을 돕지 않아요/같은 질문을 반복해서 짜증 나요/한 이야기를 하고 또 하세요/돈에 대한 집착이 심해요/옛날 잘못을 자꾸 되새김하시네요/시어머니가 자꾸 나를 괴롭혀요/세수를 안 하려 하고 목욕을 싫어해요/말이 잘 안 통해서 힘들어요/밤에 잠을 안 자고 방마다 돌아다니며 식구들을 깨워요/……" 결국은 노인이 되면서부터 이성의 브레이크가 풀리고, 감정의 여과지에 구멍이 생기고 있다는 얘기다. 모르는 일이다. 나라고 그런 노인네의 전철을 피해갈 수 있을까. 앞으로 저런 노인네는 되지 말아야지 했던 반면교사가 그대로 나의 모습이 될지 누가 알겠는가. 다행인지 착각인지, 나는 아직 위에 나열된 항목 중에 해당사항이 별로 없는 것으로 위로를 느낀다. 설령 자기 얘기를 족집게처럼 집어냈다고 생각하는 독자가 있다면 그걸 인식하는 것만으로도 그는 아직 노인네가 아니다. 인식함으로써 존재를 전환할 기회를 얻는 것이다.

카피라이터인 정철이 쓴 『꼰대 김철수』를 읽어보자. 거기 귀담아들을 얘기가 꽤 있다. 작가는 당신에게 붙은 '꼰대'라는 꼬리표를 지우고 그 자리에 '등대'라는 단어를 다시 쓰라고 제안한다. 등대가 됨으로써 누군가에게 길을 안내하는 좋은 어른이 되자는 것이다. "관대라고 써라. 사람들이 하나둘 그대 곁에 모일 것이다. 존대라고 써라. 그대를 향해 더 큰 존대가 돌아올 것이다. 환대, 초대, 연대라고 써라. 갈등은 지워지고 지금보다 웃는 날이 훨씬 더 많아질 것이다." 꼰대를 지우고서 그걸 대체한답시고 그 자리에 '절대, 적대, 학대, 콧대, 삿대, 핏대' 같은 꼰대의 또 다른 유의어를 집어넣으면 안 된다는 것이다. 그가 이 책에서 내세우는 '김철수'는 고유명사가 아니라 우리 시대의 보통명사다. 김철수라는 이름은 나이와 성별의 차원을 넘어선다. 여든 살 잡수신 김철수도 있지만 서른 살 먹은 김철수도 있을 수 있다. 남자도, 여자도 김철수가 될 수 있다. 당신도 김철수고, 아닌 척하지만 나도 김철수일 수 있다.

꼰대질은 병이다. 그러므로 치료하거나 개선할 수 있다. 『꼰대 김철수』의 작가도 같은 말을 한다. 치료가 가능한 질병이라고. 그래서 꼰대의 반대말은 '꼰대였다'라는 것이다. 나는 반대말의 목록에 단어 하나를 더 추가하기로 한다. '어른' 혹은 '어르신'. 그러나 '노인네'를 '어른'으로, 현재형 '꼰대'를 과거형 '꼰대였다'로 전환해내기란 '암 환자'를 '암 환자였다'로 완치 판정을 내리는 것만큼이나 어려운 것일 터다. 완치에 이르는 투병과정이 얼마나 처절한지는 겪어본 사람만이 안다. 제일 좋은 것은 암에 걸리지 않도록 평상시 건강관리를 열심히 하는 수밖에 없다. 그것만이 발병 확률을 줄이는 유일한 방법이다. 마찬가지로 '노인네질'을 치료하거나 아예 처음부터 노인네의 길로 들어서지 않기 위해서도 철저한 자기관리가 필요하다.

나는 시골마을에 살고 있는데, 집 앞에 수천 평이나 되는 땅이 오랜 세월 묵정밭으로 방치되어 있었다. 잡초는 물론이고 잡목들까지 하나둘 들어와 주인 행세를 하는 판이었다. 어느 날 그 땅을 사들인 새 주인이 들어와서 잡목을 베어내고 성토를 하고 평탄 작업을 하고 하여 어엿한 농지의 꼴을 갖추어 놓았다. 덕분에 내 집까지 환한 분위기를 덤으로 얻을 수 있었으니 그걸 보면 땅에도 품위라는 것이 있는가 싶었다. 시골의 논밭조차 그럴진대 우리의 마음 밭이야 말해서 더 무엇하랴. 식물이 주인의 발걸음 소리를 듣고 큰다는 것은 텃밭 농사라도 해 본 사람이면 다 아는 사실이다. 그것처럼 우리도 마음 밭을 자주 들여다보아야 마음의 주인 노릇을 할 수 있다. 감정을 잘 어루만지면서 균형과 절제의 토양을 가꾸는 일, 자기를 잘 다스리고 남을 배려하는 마음가짐을 키우는 일이야말로 마음 밭 주인의 책무인 것이다.

앞에 인용했던 것처럼 성경은 "백발이 성성한 어른 앞에서 일어서고, 노인을 존경해야 한다"고 말하면서 그와 함께 노인이 가져야 할 몸가짐, 마음가짐에 대한 주문도 놓치지 않는다. 노인으로서 존경과 권위를 얻기 위한 선행 조건적인 행동 요강을 사도의 편지를 통해 확실히 해두고 있다. 어른으로서의 카리스마는 거저 획득하는 것이 아니라는 얘기다.

> 나이 많은 남자들은 절제할 줄 알고 기품이 있고 신중하며, 건실한 믿음과 사랑과 인내를 지녀야 합니다. 나이 많은 여자들도 마찬가지로 몸가짐에 기품이 있어야 하고, 남을 험담하지 않고, 술의 노예가 되지 않으며, 선을 가르치는 사람이 되어야 합니다. (「티토서」)

받고자 하는 대로 먼저 대접해라. 높은 사람이 되려면 섬기는 사람이 되어라.(「마태오복음」) 이는 굳이 특정 종교의 교리나 지침으로만 이해할 일이 아니다. 단순하고 명료한 호혜의 진리이자 인간사의 도리를 천명한 황금률이다. 공자께서도 평생 새겨야 할 좌우명을 말씀하셨다. "기소불욕 물시어인己所不欲勿施於人", 내가 하기 싫은 일은 남에게도 시키지 말라. 이것을 공자께서는 '서恕'라고 일렀다. 이를 파자破字하면 여[如]와 심[心]이다. '사람의 마음[心]은 모두 같다[如]'는 뜻이다. 사람의 마음은 다 같은 것이니, 내 마음을 헤아리듯 다른 사람의 마음도 살필 줄 알아야 한다. 자기중심성의 울타리를 벗어나 자신의 범위를 확장하고 상대방의 입장에 서서 역지사지할 수 있어야 한다. 자기 확장은 자신의 공간에 다른 사람을 초대하는 일이고, 역지사지는 타인의 삶으로 조심스럽게 들어가는 일과 같다. 그런 점에서 공자의 '서恕'란 곧 공감이고 관용이다. 나는 나잇값이 바로 이 공감과 관용의 용량의 크기에 비례하는 것이라 믿는다.

돋보기를 쓰고 보니 시력이 안 좋은 사람의 처지를 이해하게 된다. 동사무소 민원실에 돋보기를 가져다 놓은 누군가의 작은 배려가 눈에 들어오게 된다. 교차로를 빠르게 건너지 못하는 노인의 걸음걸이를 응원하는 마음이 일어난다. 허리를 붙잡고 의자에서 일어날 때, 밥을 먹으면서 자꾸만 음식물을 흘릴 때, 지방질에 허겁지겁하던 미뢰가 잘 반응하지 않을 때, 무릎 관절이 비명을 질러올 때, 어쩔 수 없이 다른 사람의 도움을 받지 않으면 안 될 나이가 되어간다는 걸 깨닫는다. 육체의 한계를 느낄수록 다른 사람의 불편을 헤아리게 되고 주변의 이런저런 배려에 감사하는 마음을 가져야 할 때라는 걸 알게 된다. 나도 나이를 발견하는 나이, 나잇값을 해야 하는 나이가 된 것인가.

나이는 눈과 귀를 어둡게 만든다. 인생의 시간도 저녁에서 밤으로 이행하기 시작한다. 인생의 낮에는 잘 보이던 삼라만상이 빛을 잃고 어둠 속에 잠겨가고, 미끄러지듯 활주하던 빌딩과 거리의 시간은 보폭의 감소와 함께 속도를 줄여간다. 그러나 해가 지고 난 뒤의 어둠은 이 세상에 태양 말고도 또 다른 우주가 있음을 알려준다. 사방이 캄캄해서 사물이 잘 보이지 않는 이때가 바로 자기 자신이라는 우주와 대면하는 시간이다. 세상의 소음이 잦아드는 이 묵음의 공간이 바로 자신이 발성하는 내면의 소리를 듣는 장소이다. 노년이 서 있는 어둠 속에서 마침내 존재의 별이 뜨고 '진짜 나'가 모습을 드러낸다. 자신의 노년을 발견하고 이제 나잇값을 하라는 신호가 들려온다.

저 옛날 캄캄한 바다를 항해하던 뱃사람들은 밤하늘의 별을 보고 뱃길의 방향을 찾아냈다. 우리도 생전 처음 가보는 인생의 어둔 바다를 헤쳐 가는 중이다. 모두가 뱃길의 등대가 되어줄 별을 떠올려 볼 필요가 있다. 어딘가에 따라가고픈 별이 반짝이고 있지 않을까. 그 사람처럼 나이 들어가고 싶은 별이. 무엇을 먹었는가가 그 사람을 말해주듯, 어떤 책을 읽었는가가 그 사람을 말해줄 것이다. 누구와 친구인가가 그 사람을 말해줄 것이다. 어떻게 말했고, 무슨 생각을 했는지가 그 사람을 말해줄 것이다. 그 사람을 따라가면 그 사람처럼 나이들 수 있지 않을까. 인품은 누구처럼, 성격은 누구처럼, 배움의 자세는 누구처럼, 인간관계는 누구처럼. 희망사항이지만 인품이나 건강은 김형석 교수처럼, 유쾌한 삶의 방식은 국민 진행자 송해처럼, 정신의 반짝임은 이어령 교수처럼, 나는 그렇게 나이 들어갔으면 좋겠다. 굳이 유명한 사람이 아니더라도 내 주변에는 여전히 현명하고 존경스러운 필부필부가 여러분이 있어 나는 이들을 어른으로 모신다.

   나와 안면이 있든 없든 이분들을 계속해서 어른으로 모시게 해달라고 기도를 올린다. 저녁은 기도의 시간이다. 인생의 저녁도 기도를 올려야 할 때이다. 하여, 이분들을 닮게 해달라고, 이분들처럼 나도 어른이 되게 해달라고 손을 모은다. 영국에서 유래했다고 하는, 그러나 기도문의 저자가 아빌라의 수녀 테레사라고도 하고 18세기의 또 다른 수녀라고도 하는 이 「늙어가는 사람의 기도」를 항상 기억하게 해달라고 또 기도한다.

> 오, 주님, 내가 하루가 다르게 늙어가고 있다는 것, 언젠가는 노인이 된다는 것을 당신은 잘 알고 계십니다. 어디에서든 내가 나서야 일이 된다는 착각을 하지 않게 하여 주소서. 타인의 일에 끼어들고 싶어 하는 나의 과도한 욕망을 다스려주소서.
>
> 생각은 깊되 말이 많은 사람이 되지 않고, 도움을 주되 지배하지 않는 방법을 배우게 하소서. 모든 경우에 대해, 모

든 주제에 대해 엄청난 지혜를 혼자만 가지고 있다고 믿는 나쁜 태도를 갖지 않도록 지켜주소서. 나비처럼 부드럽게 날아 벌처럼 쏘는 직관을 허락하여 주소서.

노인이 되면 고통은 점점 심해지고 엄살에 대한 유혹은 점점 커집니다. 다른 사람이 힘든 이야기를 길게 하는 것을 참고 들어줄 수 있는 인내의 은총을 내려주소서. 하지만 나의 고통과 병에 대해서는 입을 다무는 법을 배우게 하소서. 나도 틀릴 수 있다는 세상에 둘도 없는 지혜를 얻게 해주소서. 그리고 남에게 사랑받는 온화한 사람이 되게 하소서. 성자, 성녀가 되기보다는 악마의 걸작 같은 괴팍한 노인네가 되지 않게 하여 주소서.

다른 사람에게서 뜻밖의 재능을 발견하는 능력을 갖게 하소서. 그리고 오, 주님, 그 재능을 칭찬하는 훌륭한 재능도 겸비하게 하소서.(필자 첨삭)

나는 지금이야말로 나이를 발견하는 나이라고 생각한다. 도약을 꿈꾸는 시간이 아니라 착지着地의 시간임을 발견하는 나이다. 내려가면서 넓은 곳을 아우르고 내려앉아 쉬거나 이부자리를 펼치는 시간이다. 높이 오르려는 사람에게는 내려가는 것이 몰락이고 쇠퇴며 추락일 수 있다. 그러나 착지하려는 사람에게 내려감이란 원래의 자리, 본향으로 돌아가는 일이다. 꼭짓점에서는 앉을 자리를 놓고 자리싸움을 해야 하지만 넓게 펼쳐진 바닥에서는 여러 사람이 어울려 앉을 자리가 충분해서 모두에게 자리를 내줄 수 있다. 지금은 펼침의 나이, 관용의 나이, 아우름의 나이, 돌려줌의 나이인 것이다.

나는 내 나이를 헤아려 본다. 나는 지금 이런 나이이다. 잘못하다간 노인네가 되기 십상인 것을 알아채는 나이, 모르는 게 더 많다는 걸 조금씩 깨달아가는 나이, 그래서 어린 손자한테도 배울 게 많다는 걸 알아가는 나이, 그런 걸 지혜라고 말하지만 그 지혜가 진짜 지혜가 아닐지도 모른다고 스스로 의심해보는 나이, 더 열심히 살아야 할 것을 다짐하는 나이, '열심히'라는 말을 앞뒤 안 가리고 맹렬히 돌진하라는 뜻이 아니라 차분하게 주변을 살피며 살아가는 뜻으로 받아들이는 나이, 시간을 낭비하지 말고 자신을 성장시키는 일에 힘쓰라는 것을 알게 하는 나이.

그냥 어른이 되는 것도 어렵지만 '좋은 어른'이 된다는 건 더더욱 어렵다.

덕분에와 때문에
◇◇◇
감사

'덕분에'와 '때문에'는 달라도 한참 다른 말이다. '덕분에'는 은혜나 도움에 대한 감사의 맥락에서 주로 사용한다. '선생님 덕분에', '걱정해주신 덕분에' 결과가 좋게 되었다는 긍정적 수용의 표현이다. '때문에'는 어떤 원인이 나쁜 결과를 가져왔을 때 비난이나 지적의 의미를 담아 사용한다. '빚 때문에', '너 때문에', '저 돌멩이 때문에' 부정적 결과를 가져오게 된 상황에서 쓰는 말이다.

형제가 있었다. 커서, 형은 알코올 중독자가 되었고 동생은 유명한 변호사가 되었다. 기자가 인터뷰를 했다. 형제가 어떻게 상반된 인생을 살게 되었는지 형에게 물었다. "알코올 중독자였던 아버지 때문입니다. 아버지가 알코홀릭이니 자식이 그렇게 되는 게 당연하지 않겠습니까?" 동생에게도 같은 질문을 했다. "알코올 중독자였던 아버지 덕분입니다. 아버지처럼 되고 싶지 않아서 정말 열심히 공부했습니다."

같은 사건 상황을 놓고서도 관점이나 해석의 차이가 만들어낸 결과는 다르다. '덕분에'는 긍정과 감사의 관점을, '때문에'는 부정과 비난의 관점을 만들어낸다. '덕분에'의 관점은 나쁜 아버지를 둔 '덕분에' 그를 반면교사로 삼아 자신의 삶을 조정하여 바르게 이끌어가게 한다. '때문에'의 관점은 나쁜 아버지를 탓하면서 그를 닮아가게 만든다. 아버지 '때문에'라는 관점 때문에 아들은 인생을 망가뜨렸다. 결국 이 관점은 선택의 문제로 귀결되게 되어 있다. '덕분에'를 선택할 것인가, '때문에'를 선택할 것인가. 감사와 긍정과 희망으로 자신의 삶을 일으켜 세울 것인가, '요모양 요꼴'이 된 것을 원망하고 주저앉을 것인가. 물은 배를 띄울 수도 있지만 뒤집을 수도 있다.

출근길에 자동차가 도로에 멈춰 섰다. 갑자기 차체가 덜덜거리며 심한 휘발유 냄새를 풍기더니 앞으로 나가지 않는 것을 가까스로 도로변 안전지대에 세웠다. 보험회사의 견인차를 불러 수리를 맡겼으나 마침 그날 있는 심사 갈 일이 걱정이었다. 왜 하필 오늘 이런 일이? 그리고 자동차 수리비는 왜 이렇게 비싸? 지인의 자동차를 빌려 타고 외지로 출장 심사를 다녀오면서 자동차 수리비를 생각했다. 오늘은 괜히 헛고생만 한 날이구나.

그러다가 번쩍 드는 생각이 있었다. 괜한 헛고생이라니? 오늘 수고한 덕분에 수리비가 해결된 게 아닌가. 심사비로 받은 수당이 딱 그만큼이었다. 심사수당이 있었기에 갑자기 생긴 호주머니 구멍을 메울 수 있었던 것이다. 가만히 생각해 보니 아침에 나가면서 평소 다니던 자동차 전용도로를 타지 않고 일반도로로 들어선 것도 행운이었다. 자동차전용도로에서 차가 멈췄어 봐…. 오, 하느님 '덕분에', 나를 위해 기도해주는 누군가의 '덕분에'.

극작가인 오스카 와일드에게 이런 문장이 있다. "감옥에 갇힌 두 사람이 창살을 통해 밖을 보고 있다. 한 사람의 눈에 들어온 것은 창살 밖의 '진흙'이었다. 또 다른 사람의 눈에 들어온 것은 찬란히 빛나는 '별'이었다." 자동차가 길에 멈춰 선 날, 나는 생각을 바꾸면서 어두운 창살로 들어오는 별을 볼 수 있었다. 결국 이쪽을 보느냐, 저쪽을 보느냐 하는 관점의 문제였고 어떤 관점을 취할 것인가 하는 선택의 문제였다.

쉽게 읽히는 동시 한 편이 있다.

쓸어도 또 낙엽이 떨어지는데
아기 스님이 절 마당을 쓴다.

"또 떨어지는데 왜 쓸어요?"
"깨끗한 땅에 떨어지라고요."

— 전병호, 「낙엽 쓸기」

쓸어도 쓸어도 계속 떨어지는 낙엽, 그걸 쓸고 있는 어린 스님에게 중생이 묻는다. "또 떨어지는데 왜 쓸어요?" 잠시 후면 또 수북이 쌓일 낙엽을 그때마다 쓸어내는 일은 중생에게 부질없는 수고로 비친다. 중생은 '또'에만 마음이 사로잡혀 있는 것이다. 그러나 아기 스님의 관점은 다르다. "깨끗한 땅에 떨어지라고요." 마당을 쓰는 일은 땅에 내려오는 낙엽을 맞이하기 위한 정중한 전례典禮다. 떨어지는 낙엽의 개별성에 주목함으로써 이 땅에 처음으로 발 딛는 나뭇잎을 마중하여 모시는 환대이자 의미 부여다. 결국 무엇에 주목하고 어떤 마음으로 받아들이느냐에 따라 우리는 빛을 보든지 그늘을 보든지 할 수 있다.

나이가 들면 머리에 새치가 생기기 시작한다. "새치를 발견한 아이가 뽑겠다고 달려든다/놔둬라, 키우는 데 오십 년 걸렸다"(나혜경, 「흰나무」)고 말하는 시인이 있다. 추석 무렵에 선영 벌초를 하다가 예초기에 오른손 검지를 잘린 사람이 있다. 고성오광대놀이 예능 보유자인 춤꾼 이윤석이다. 춤을 추는 그의 손가락에는 잘린 검지 대신 고무검지가 끼워진다. 그래도 그는 "조상들이 사람들 손가락질하지 말라고 가져갔다"고 웃는다. 일본 시인 이싸의 하이쿠도 있다. "얼마나 운이 좋은가, 올해에도 모기에 물리다니!" 자기 현실을 바라보는 마음가짐이 넉넉하고 너그럽다. 이들에게서 삶의 한 발짝 너머를 보는 여유가 느껴진다. 이들에게 형용사를 부여한다면 '유쾌한, 따뜻한, 느긋한, 당당한, 품위 있는, 평화로운, 부드러운, 밝은, 유연한, 현명한, 성숙한, 의연한' 등의 어휘가 적합하지 않을까. 모기에 물린 덕분에 오늘 살아 있음을 자각하게 되고, 잘려 나간 검지 덕분에 비방을 절제하게 되고, 늘어나는 새치 덕분에 연륜의 가치를 터득하게 되는 사람이라면 우리는 그를 '덕분에의 관점'으로 산다고 보아도 가하지 않겠는가.

나이가 들어가는 것, 늙어가는 것을 누군가는 끔찍하게 받아들인다. 특히 노화의 과정에서 나타나는 급격한 신체적 변화는 인생의 추락이나 좌절로 인식된다. 송宋나라의 주필대周必大는 『이로당시화二老堂詩話』에서 '노인의 열 가지 좌절[노인십요老人十拗]'을 열거하고 있다. "대낮에는 꾸벅꾸벅 졸음이 오지만 밤에는 잠이 오지 않는다. 울 때는 눈물이 흐르지 않고 웃을 때 눈물이 흐른다. 30년 전의 일은 모두 기억하면서 눈앞의 일은 돌아서면 잊어버린다. 고기를 먹으면 뱃속에는 없고 죄다 이빨 사이에 낀다. 흰 얼굴은 검어지고 검은 머리는 희어진다."

조선의 실학자 성호星湖 이익李瀷은 이 글을 소개한 뒤, 장난삼아 보충해 본다면서 여기에 몇 가지를 더 보탰다. "눈을 가늘게 뜨고 멀리 보면 잘 보이는데 눈을 크게 뜨고 가까이 보면 희미하게 보인다. 바로 옆에서 하는 말은 알아듣기 어려운데 조용한 밤에는 비바람 소리가 들린다. 자주 허기가 지지만 밥상을 마주하면 잘 먹지 못한다."(『성호사설』) 말로는 좌절이라고 했지만 이 정도면 해학이다. 선생이라고 해서 왜 신체적 변화에 좌절을 느끼지 않았겠는가. 몸이 꺾이면 정신도 꺾인다. 의지가 흔들리고 투지가 바스락거린다. 할 일이 아직 태산같이 남아있는데 이런 몸으로는 더 이상 목표를 향해 나아가거나 완수할 능력이 다했다고 생각한다. 수행 능력에 대한 믿음, 곧 자기효능감이 바닥으로 내려앉는다. 무력감, 낮은 자존감은 노인우울증으로 이어진다. 그런데 만년에 귀까지 들리지 않았던 선생은 이런 것들에 비관하거나 침몰하지 않고 오히려 이를 객관화하여 유머로 승화시켰다. 노년의 수용이고 순응이다.

다산 정약용은 한술 더 떠 노년의 변화를 유쾌하게 긍정한다. "늙은이의 한 가지 유쾌한 일은"으로 시작되는 「노인일쾌사老人一快事」라는 여섯 수의 연작시에서다. 요약하면 이렇다. "(1연) 대머리가 되니 감고 빗질하는 수고로움이 없어 좋고, (2연) 이가 없으니 치통의 괴로움이 사라져서 좋고, (3연) 눈이 어두우니 문장 대신 풍광으로 눈을 채워서 좋고, (4연) 귀가 안 들리니 세상 시비로부터 멀어져서 편안하고, (5연) 구구한 시격과 시율을 벗어나 붓 가는 대로 글을 쓸 수 있어 좋고, (6연) 하수들과 바둑을 두니 경쟁을 하지 않고 여유 있게 소일할 수 있어 좋다."

다산의 생애는 공교롭게도 18년 단위의 애환으로 구성된다. 정조와 인연을 맺은 18년간의 벼슬살이, 강진 유배 18년간의 타향살이, 1818년 해배되어 작고할 때까지 18년간의 고향살이. 그는 고향에 있을 때 이 시를 짓고 4년 후에 세상을 떠났다. 다산은 고향으로 돌아온 뒤 바로 수염과 머리가 서리처럼 희었다고 했다. 이 시를 쓴 71세 때는 백발마저 다 빠져 대머리가 되었고 치아도 남김없이 사라져버렸다. 외모만 변한 게 아니라 병도 잦았다. 발목을 삐어 오래 고생했고 60대 후반에는 120일간이나 몸져누워 있었다는 기록도 있다. 육신이 소멸의 길로 접어드는 생물학적인 증거들이 나날이 늘어나고 있었지만 그러나 그의 정신은 여유와 달관으로 이를 수용하고 있었다. 이 시에 나타난 해학이 그 증거. 해학이란 일상의 부정적 경험에 대응하는 방어기제의 하나로 정의되는데, 심리적 여유를 동력으로 하여 작동된다. 다산은 자신이 겪고 있는 노년의 괴로움에 대해 스토리텔링을 통하여 긍정적인 의미를 부여하고 정신의 공간을 확장했다. 몸은 비록 피폐해졌어도 정신은 몸의 감옥에서 해방되어 해학의 여유를 누릴 수 있었던 것이다. 공자께서 말씀하신바 '종심從心'의 경지란 이런 게 아니었을까. 자유롭게 마음의 소리를 따르되 법도에서 일탈하지 않는 경지 말이다. 종심을 살아내기 위해서는 너그러운 긍정의 마음이 필요한 이유다.

긍정성이 높은 사람일수록 남을 더 배려하고 존중하게 된다는 연구들이 있다. 반대로 상대에 대한 존중과 배려가 긍정성과 자기효능감을 높여준다는 증거들도 쌓여 있다. 긍정성의 선순환이 일어나면서 마음이 열리고 대인관계 능력을 향상해주는 것이다. 노년은 대인관계가 위축되고 우울감에 빠지기 쉬운 나이다. 그래서 나이가 들어갈수록 긍정의 자세, 수용의 태도가 필요하다. 비난이나 험담, 때로는 비판까지도 줄이는 것이 노년의 정신건강에 유익하다. 그것들은 어차피 부메랑이 되어 자신에게 돌아올 뿐 아니라 비난의 불씨를 쬐는 사람들을 한 묶음의 유유상종으로 무리 짓게 만든다.

나는 정치판이 돌아가는 것에 민감한 노년들이 걱정스럽다. 보수든 진보든, 좌든 우든, 이들은 공영방송의 정치 뉴스에 불신과 불만이 크다. 공영방송이 다루지 않거나 다룰 수 없는 무언가 막장 비밀이 잔뜩 숨어 있다고 믿는다. 그럴 만도 하기는 하다. 지금의 노년이 살았던 과거의 한때는 표현의 자유에 제약이 많았고 난무하던 유언비어 속에 진실이 숨어 있던 경우가 한두 번이 아니었다. 그 시절의 무의식이 진실과 정보를 갈망하게 만들고 유튜브의 열렬한 구독자로 만든다. 정치유튜버의 자극적이고 도를 넘는 언사와 도발은 진실탐구의 용기로 분식扮飾되고 순진한 노년은 거기서 대리만족의 쾌감을 얻는다. 어떤 정보가 자신의 생각과 일치하거나 자신의 신념을 뒷받침하는 것이라면 사실 여부와 관계없이 언제든지 설득당할 준비를 하고 있다. 설사 가짜뉴스라 할지라도 상관이 없고 오히려 그걸 퍼 나르기에 분주하다. '좋아요'를 눌러가며 알고리즘이 선사하는 착시현상에서 빠져나오지 못하고 '그들만의 리그'를 세상의 전부로 인식한다. 자신의 믿음에 반하는 것이라면 수많은 증거가 있어도 거들떠볼 생각을 하지 않는다. 오직 자신의 신념만이 상식이고 합리다. 확증편향에 사로잡혀 보고 싶은 것만 보고 듣고 싶은 것만 듣는다. 정치 편향은 점차 신념화되고 갈수록 극단으로 치닫는다. 정신은 맹목과 혐오와 분노로 치솟아 오르고 노년의 이성은 나날이 병들어간다. 정치인도 아니면서 세상을 흑백으로 나누는 말과 논리에 휘둘려 그들의 밥이 되어 살아간다. 그래봤자 세상이 자기 뜻대로 바뀌지 않는다는 것을 잘 알면서도 말이다.

부정적 의식과 적개심과 심통을 버려야 몸도 마음도 건강한 '좋은 노인'으로 살아갈 수 있다. 미국 듀크 대학의 레드퍼드 윌리엄스 교수는 '심혈관질환의 심리사회적 위험요인'이란 연구를 통해 적개심, 우울증, 사회적 격리감 등이 심혈관질환의 발병률을 높이며, 발병 시 예후도 훨씬 나빠진다고 주장한다. 정신과 몸은 따로 놀지 않는다. 상대를 향한 독을 입안에 물고 있으면 그 독은 언제고 제 몸을 해칠 수 있다. 입 안에 있는 말의 독을 제거하는 해독제는 긍정과 관용과 감사의 언어에서 나온다. 부정과 비판은 젊음의 영역으로 남겨두고, 노년의 입에는 긍정과 감사의 언어를 채워두어야 몸과 마음이 건강해진다.

물론 주변에는 욕을 바가지로 쏟아부어도 싼 사람이 있고, 불의를 정의로 둔갑시켜 거들먹거리는 사람이 있는 것도 사실이다. 상식으로 이해되지 않는 모순과 불합리가 있고, 양심보다 강한 탐심과 불공정이 삶의 질서를 교란하고 있다. 세상이 반듯하고 온전하게만 돌아간다면 그게 천국이지 무어겠는가. 우리는 아직 천국에 살고 있지 않고 세계는 완전하지 않다. 천사도 있지만 독사도 있다. 햇빛도 있지만 그것이 만들어내는 그늘도 있다. 그래서 노년에는 무엇을 볼 것인지 관점을 선택하자고 얘기했던 것이다. '덕분에'의 관점을 얻으면 감사할 일이 많아진다.

지금은 작고했지만 구족화가로 활동했던 이상열이라는 시인이 있다. 추락사고로 전신마비 장애인이 된 뒤, 시를 쓰거나 붓을 입에 물고 그림을 그렸다. 집에 아무도 없을 때, 전화를 받으려다 그만 방바닥으로 굴러떨어졌다. "나와 요, 30cm 사이에/완강히 거절하는 푸른 절망" 속에서 저녁에 동생이 와서 요 위에 올려 뉠 때까지 "하루가/30cm를 넘을 수 없는/뒤집힌 거북이였다"(시 「30cm」). 그는 엄지와 검지로 땅콩 한 알을 집어 올릴 수 있고, 두 발로 걸을 수 있다는 것이 얼마나 큰 신의 은총이냐고 하면서 육신이 멀쩡한 사람들에게 죽비를 내린다. '기적은 하늘을 날거나 물 위를 걷는 것이 아니라 땅 위를 걸어 다니는 것'이라는 중국 속담처럼 우리는 매일 기적을 살고 있다. 제대로 못 찾아서 그렇지 살아 있는 모든 나날 속에는 기적과 감사할 일이 항상 숨어 있는 것이다.

세계 인구의 10%만이 하루 10달러 이상을 소비하고, 80%는 하루 소비 2달러 이하의 삶을 산다는 통계가 있다. 돈만 가지고 셈해서는 안 되겠지만 그런 현실만으로도 대부분의 우리는 감사할 일이 생긴다. 몸에 걸친 옷에도 감사하고 숨 쉬는 공기에도 감사하다. "한 방울의 물에도 천지의 은혜가 스며있고, 한 알의 곡식에도 만인의 노고가 담겨있습니다. 이 음식을 성불의 보약으로 삼아 만인을 위하여 봉사하겠습니다. 마하반야 바라밀, 마하반야 바라밀, 마하반야 바라밀"(공양 전 기도). 이렇게 불전에 기도를 올릴 수 있는 정신이 있는 것도 감사한 일이다. 그러니 우리가 앉아 있는 자리가 바로 '꽃자리'가 아니고 무엇이겠는가.

반갑고 고맙고 기쁘다.
앉은 자리가 꽃자리니라!
네가 시방 가시방석처럼 여기는
너의 앉은 그 자리가
바로 꽃자리니라.
반갑고 고맙고 기쁘다.

— 구상, 「꽃자리」 부분

우리는 사실 "내가 지은 감옥 속에 갇혀 있"고, "네가 만든 쇠사슬에 매여 있"으며, "그가 엮은 동아줄에 묶여 있"(「꽃자리」)다. 감옥이라 여기는 것이 사실은 스스로가 지어낸 구속이고, 쇠사슬이라 생각하는 것이 사실은 스스로가 만들어낸 족쇄에 불과하다. 북극 탐험가인 프로이켄이 자기가 판 얼음 구멍에 갇혀 얼어 죽을 뻔한 이야기는 앞에서도 말했지만 자기가 만든 고치, 곧 자기 구속이란 이렇게 위험한 것이다. 그리고 다행스럽게도 그 고치에서 벗어나는 힘은 자기 내부에 있었다. 스스로를 구속하는 것도 자신이고 해방하는 것도 바로 자기 자신인 셈이다.

부정적 의식에 갇혀 긍정과 감사가 우러나오지 않을 때도 내부의 힘을 이용해서 관점을 돌릴 수 있지 않을까. 내부의 힘이란 바로 뇌의 힘이다. 우리의 뇌란 인터넷처럼 언제든지 검색 명령을 기다리고 있는 정보의 바다다. 말하자면 우리의 일생 경험이라는 원자료를 데

이터베이스로 저장하고 있는 대용량 컴퓨터다. 거기서 무엇을 찾아 낼 것인지 우리는 명령만 내리면 된다. 해가 뜬 날을 검색할 것인가, 비가 내린 날을 검색할 것인가. 전화위복의 경험을 찾아낼 것인가, 실패와 좌절의 불운을 기억해낼 것인가. 덕분에의 감사인가, 때문에 의 원망인가. 우리의 뇌는 우리가 원하는 바를 지체 없이 찾아줄 것이다.

일본의 아쿠타가와 문학상 수상 작가이자 승려이기도 한 겐유 소큐玄侑宗久가 전하는 '선禪의 참회법'에서도 비슷한 맥락을 발견한다. 도량에서 수행할 때 죽비를 맞으면 '지금 왜 맞았지?'라는 생각이 먼저 든다는 것이다. 내가 잠깐 졸았나? 내가 움직였나? 그런데 계속해서 여러 번 맞게 되면 옛날 일까지 떠올리면서 맞은 이유를 찾아내기 시작하고 지금 겪고 있는 상황을 합리화시키려 한다. 고등학교 시절 어떤 친구를 못살게 굴었던 일로 지금 맞고 있다든지, 초등학교 때 엄마에게 거짓말을 했던 일로 맞고 있다든지……. 이렇게 자신의 과거를 구석구석 탐색해서 자신의 잘못을 발견하고 이를 참회하는 것이 바로 선을 통한 참회법이라는 것.

그런데 여기에는 원하는 이유를 찾아다 주는 뇌의 활용법이 숨어 있다. 뇌는 어떤 말이나 상황을 합리화하는 이유를 찾아내지 않고서는 견디지 못하는 성질이 있다. 이게 뇌의 기능이기도 하다. 내가 그곳에 가기 싫다고 생각하거나 말을 하면 우리의 뇌는 부지런히 그 이유들을 찾아준다. 컨디션이 좋지 않거나 병이 나면 뇌는 또 내가 왜 그렇게 됐는지 그 이유를 찾아보기 시작한다. 뇌는 원하는 이유를 끌어다 주는 합리화의 파이프라인이다. 차가 고장 났을 때 수리비가 들게 돼서 손해가 생겼지만 그만한 것도 다행이라고 생각하도록 명분을 가져다준 것도 뇌였다. 그러므로 뇌는 쓰지 않는 주인에게는 한없이 나태한 종이지만 생각을 바꾸려는 주인에게는 혁명가의 장자방이다.

미운 사람에게 떡 하나 더 주는 심정으로 고맙다고 말해보자. 뇌는 주인의 말을 뒷받침하기 위해 그 사람의 좋은 점, 감사해야 할 점을 찾느라 분주해질 것이다. 오늘 하루 내가 했던 일 중에 잘한 일 다섯 가지만 찾아달라고 뇌한테 말해보자. 주인의 명령에 순종하는 뇌는 그것 역시 열심히 찾아다 바칠 것이다. 지금 이 나이에 이르게 된 것을 만족하고 감사하게 생각해야 할 이유를 매일매일 알려 달라고 말해보자. 그러면 충직한 뇌는 아예 당신의 언어와 습관에 감사와 긍정의 파이프라인을 열어둘 것이다. 그리하여 캄캄한 밤길에서 어둠 때문에 넘어진 것이 아니라 어둠 덕분에 별빛을 바라보는 행운을 얻었다고 웃게 될 것이다. 맑게 갠 아침 햇살을 보면서도 햇살 덕분에 자신이 한낱 먼지임을 알게 되었다고 감사하게 될 것이다. 긍정하는 마음, 감사하는 마음을 갖게 되면 안 보이던 것들도 보이게 되는 법이다. 그게 노년의 경지이다.

이른 아침에
먼지를 볼 수 있게 해주셔서 감사합니다
이제는 내가
먼지에 불과하다는 것을 알게 해주셔서 감사합니다
그래도 먼지가 된 나를
하루 종일
찬란하게 비춰주셔서 감사합니다

― 정호승, 「햇살에게」

이 인간이 정말

주책

삼십 대 후반의 남자가 미모의 여성과 맞선을 보고 있다. 우아한 레스토랑에서 서양식 코스 요리를 주문해 놓고 남자가 무언가를 열심히 설명하고 있다. 첫 만남인데 남자는 할 이야기가 많은 모양이다. 혼자 끊임없이 얘기한다. 무슨 말을 하는 걸까?

"(……) 수십, 수백만 년 동안 풀을 먹도록 진화해온 소한테 곡물 사료를 먹여서 살을 찌운다는 게 말이 안 돼요. 쇠고기 일 킬로그램에 곡물 구 킬로그램이 들어가거든요. 지금도 칠십억 인구의 십 퍼센트 이상이 절대적인 기아에 시달리고 있어요. 하루 세끼를 못 먹어서 폭동이 일어나고 있잖아요. 선진국이니 뭐니 좀 산다는 나라에서는 그 사람들이 먹을 곡물을 소한테 먹여서 경제적으로 보면 구분의 일, 십일 퍼센트짜리의 형편없는 결과물을 얻은 게 쇠고기란 말이죠. 사료로는 주로 사람들이 먹는 옥수수, 밀, 대두

를 먹이니까 배고픈 사람하고 비만 소하고 먹는 거 가지고
피 터지게 싸우는 꼴이거든요. (……)"

성석제의 소설에 나오는 장면이다. 소설 속 남자는 주문한 와규 스테이크를 기다리는 동안 스테이크용 쇠고기의 생산과정에서 일어나는 문제를 설명하고 있다. 소를 목초지에서 끌어내 우리에 가둬 키우는 대량 사육의 산업농으로 바꾸다 보니 먹이 문제가 생겼다는 것이다. 사람이 먹어야 할 곡물을 소에게 갖다 바치는 꼴이 된 거다. 한 끼 식량이 없어 굶주리는 사람이 많은 판에, 내 고깃배 채우자고 그 많은 곡식들을 짐승에게 퍼먹이니 사람으로서 못 할 짓이 되는 것이다. 인류 박애주의자가 아니라도 윤리적 자의식이 살짝 결려옴 직한 발언이다. "전 세계적으로 2003년에만 육억칠천만 톤을 사료로 썼는데, 이건 해당 곡물 전체 수확량의 절반"이라는 것도 남자가 하는 이야기다. 웨이터가 새우 접시를 들고 나타나자 이번에는 화제를 새우로 바꾼다.

"(……) 양식 새우는 제 몸무게의 두 배나 되는 어분 사료를 매일 먹거든요. 처먹고 싸고 처먹고 싸고 하니까 찌꺼기가 바닥에 끈적하게 축적되지요. 게다가 좁은 데서 몰아 키우다 보니 서로 부딪치고 하면서 상처도 생기니까 염증이나 다른 바이러스성 질병에 걸리지 않도록 항생제를 퍼부

어대죠. (……) 이렇게 오로지 돈을 목적으로 새우를 키우
다 보면 땅은 지독하게 오염이 되고 염분이 축적돼요. 땅이
완전히 죽는 거예요. 새우 양식업자들이 옮겨 다니는 곳마
다 땅에는 암종 같은 죽음의 흔적이 남지요."

우리 인간이 반성을 많이 해야 할 이야기다. 맞선남의 새우 양식에 대한 식견은 알아주어야겠다. 환경에 대한 문제의식도 날카롭지 않은가. 새우에 퍼부어대는 항생제는 고사하고라도 양식장마다 '암종 같은 죽음의 흔적이 남'는'다는 얘기는 듣기에도 섬뜩하다. 아무리 먹음직스럽게 요리된 새우일지라도 이 말을 듣고 나서는 입맛이 떨어질 수밖에 없을 것. 과연 맞선 자리의 여자는 새우를 맛있게 먹었을까? 한 마리의 삼 분의 일밖에 먹지 못하고 바로 물리고 만다. 교양 있는 웃음기를 띤 채 그럴듯한 핑계를 대면서 말이다. 이때 다시 메인 메뉴인 스테이크가 들어온다. 여자는 여전히 온화한 미소를 지으며 나이프를 들었고, 남자는 와인을 한 모금 마시면서 다시 새로운 화제를 찾는다.

"(……) 미국에서는 소가 송아지를 낳으면 젖을 먹이다가
초원에 방목을 해요. 미국은 땅이 넓고 초원이 많으니까요.
그렇게 해서 육 개월쯤 키운 뒤에는 조금 더 좁은 공간에
서 방목하면서 곡물 사료를 먹이기 시작하죠. 십이 개월이

지나면 좁은 축사에 가둬요. 그때부터 칼로리가 높은 옥수수를 위주로 한 사료를 집중 투입하죠. 아까도 말했지만 원래 풀을 먹도록 진화해온 소에게 곡물을 먹이면 소화를 제대로 시킬 수가 없겠죠. 설사를 좍좍 해대고 병에 걸리는데 이걸 또 약으로 잡아요. 그러니까 소를 빨리 살찌워서 팔아먹으려고 곡물을 먹이기 시작하면서 생긴 대표적인 병균이 O-157이라는 변형 대장균이죠. 이 균이 사람의 몸에 들어오면 급성신부전증의 원인이 되는 용혈요독증후군이라는 게 나타나고 발작, 졸도, 뇌손상, 실명 같은 질환을 유발한다는 거예요. (……)"

내용인즉, 긴 세월 유지되던 소의 식단이 갑자기 바뀌는 바람에 문제가 생겼다는 것이다. 인류는 소를 가축화한 때부터 반추위反芻胃에 적합한 식단을 제공했었다. 수백, 수천만 년에 걸쳐 설계된 반추위에 목초지 대신 곡물 식단을 제공한 것은 불과 50년 전 일이다. 소는 갑자기 오랜 식습관을 바꿔야 했으니 적응하는 데 비상이 걸린 셈이다. 남자는 계속해서 소 사육의 생태적 문제의식을 제기하는데, 지치지도 않는다. 아는 것도 참 많다. O-157이라는 변형 대장균은 쇠고기 말고도 전파 경로가 하나 더 있단다. 시금치, 양상추 같은 채소도 오염이 됐는데, 바로 소 배설물 때문이라는 거다. 가축을 키우거나 도축을 할 때 공장식 규모로 하다 보니까 배설물 관리가 또 문제였다. 이걸 용액으로 만들어 공기 중에 뿌리는데, 바람을 타고 농불이 엄청나게 먼 곳까지 날아가 무차별적으로 내려앉는다는 것이다. 야생동물들은 소똥에 포함된 O-157균을 몸에 묻혀서 퍼 나르기도 하고.

 소설 속 남자 이야기는 이쯤 하고 말까? 남자의 이야기를 받아 계속 지껄이다 보니 몸에서 근질근질한 반응이 일어난다. 소설 장면을 중계하는 내가 다 진력이 나는데, 바로 앞에서 남자의 강의를 들어야 하는 여자는 어떤 기분일까? 여자는 스테이크 역시 삼 분의 일도 먹지 않았고, 아스파라거스에는 손도 대지 않는다. 먹은 것도 토할 판이겠다. 남자가 쏟아내는 이야기들을 다 쓸어 담을 수 있는 쓰레기통이라도 있으면 좋을 법하다. 옳은 이야기이기는 한데 이 상황에서 도무지 마음에 와닿지 않는다는 것이 문제다. 좋은 이야기가 항상 옳은 이야기가 아니듯이 옳은 이야기라고 해서 항상 좋은 이야기는 아니다. 더구나 지금 두 사람이 대화하는 목적은 옳은 것을 찾아내자는 것이 아니잖은가. 모두에게 좋고 옳은 것은 세상에 존재하지 않는다. 상황과 처지에 따라, 나이와 성별과 시대에 따라, 국적과 인종에 따라 좋은 것과 옳은 것의 기준은 달라지니까 말이다. 맥락이 중요한 거다.

 그런데 이 남자, 이야기가 다 끝나지 않았다. 디저트로 아이스크림이 나오자 이번에는 우유로 화제를 돌린다. "우유라는 건 송아지를 낳은 어미 소에게서 송아지를 떼 내고 사람이 (그걸) 가로채서

짜 먹는 거"란다. 모성을 유린하고 그 산물을 갈취한 게 우유라는 말씀. 그 장광설이 끝이 없다.

> "닭의 자연수명이 얼마인지 아세요? 이십오 년요. 그런데 공장에서 출하하는 수컷 육계는 부화 후 삼십삼 일, 암컷인 산란계는 생후 십오 개월까지 평균 0.042제곱미터의 공간에서 알만 낳다가 죽어요. 0.042제곱미터는 A4용지 한 장의 면적과 비슷하죠. A4용지는 가로 210, 세로 297밀리미터예요."

이쯤 되면 맞선 따위는 안중에도 없다. 훌륭한 생태주의자, 동물해방론자, 환경윤리론자의 지당하고 엄숙한 강론만 들려온다. 맞선 자리가 아니라 강론, 법회였던 거다. 법회가 끝나고 남자가 돌아간 뒤 여자가 뭐라고 읊조렸을까. "됐다 새끼야, 제발 그만 좀 해라."였다. 이 문장 앞에 한 구절을 덧붙여도 되겠다. "이 인간이 정말!" 성석제의 이 소설 제목이 바로 「이 인간이 정말」이었다.

왜 사람들은 상대가 물어보지 않는 것조차 길게 설명하려는 걸까?『말 센스』의 저자 셀레스트 헤들리가 두 가지 이유로 대답한다. 하나는 상대에게 충고나 조언을 함으로써 그 사람을 통제하고 싶은 것(통제병), 다른 하나는 그렇게 함으로써 상대로부터 관심이나 인정을 받고 싶은 것(관심병) 때문이라고. 그런데 소설 속의 남자에게는 두 가지 병의 합병증인 '선생병' 혹은 '교수병'이 중증화되지 않았나 하는 생각이 든다. 대화를 하는 중인데 혼자서 자꾸만 선생님 노릇을 하려고 드는 것이다. 이런 농담도 있다. 교수 세 명 데리고 부산 가기가 양 100마리 몰고 부산 가기보다 어렵다는.

선생이라는 자리가 아는 체하기 좋아하고 그러다 보니 아는 것을 주입하는 것에 집착하게 만드는 모양이다. 자기 말에 집중하도록 학생들을 통제하고 지적하는 데 능란하다. 어릴 때 선생님들이 '주목', '주목' 이런 소리 많이 하셨잖은가. 나는 그걸 한동안 '주먹'이라고 알아들었었다. 그런데 그게 또 말이 된다. 주목하지 않으면 주먹으로 한 대 패겠다는 뜻도 있을 테니까 말이다. 꼰대의 원래 출처가 선생에게 있던 걸 생각하면 선생이란, 또는 꼰대란 말하기 나르시시즘에 빠져 있는 사람일지도 모른다.

어떤 과학자가 자기 자신에 대해 말하는 것이 두뇌의 쾌락 중추를 활성화한다는 사실을 발견해냈다. 자기 자신에 대해 이야기를 할 때 섹스와 코카인, 초콜릿 같은 것에 반응하는 뇌 부위에서 같은 쾌감을 유발한다는 것이다. 결국 발화의 목적과 맥락, 상대에 대한 배려나 상황에 대한 고려 없이 자기 하고 싶은 말을 쏟아놓는 사람은 말하는 행위를 통해 분비된 도파민에 굴복당하는 것이 된다. 도파민 때문에 자기 제어가 안 되는 것이다. 그래서 주책 소리를 듣게 되는 거다. 소설 속의 남자만 그럴까. 정도의 차이는 있지만 나이 들수록 상황 판단이 안 되고 대화의 맥락을 놓치는 수가 많다. 정신의 근력이 풀려서인지 말의 브레이크가 잘 듣지 않는다.

먼 길 에둘러 왔지만, 이 글의 의도는 성석제 단편의 주인공을 비난하는 데 있지 않다. 점점 더 주책이 되어가고 푼수 끼가 심해져 가는, 나를 포함한 이웃들에 대한 경종을 잠시 울려보자는 것이다. 가령 이런 사람들이다. 처음부터 끝까지 대화의 주도권을 쥐고 말의 운전대를 놓지 않는 사람, 그래서 대화인지 강연인지 구분을 못 하는 사람, 나이도 한참 어린 데다 자기 분야도 아니면서 남의 밭에 팥 심어라 콩 심어라 조언하는 사람, 이런 사람 의외로 많다. 또 모처럼 만나 인사하면서 당신도 별수 없이 늙는다고 말하는 사람, 괜찮다고 하는데도 아니라고 우기면서까지 몸이 말랐다거니 배가 전보다 훨씬 많이 나왔다거니 하는 사람, 나라에 애가 없어서 큰일인데 애를 낳아야지 개를 키우고 있다고 나무라는 사람, 자기가 남의 애를 키워줄 것도 아니면서 애를 더 안 낳는다고, 애국을 하기 위해서라도 애는 하나 더 낳아야 한다고 성화인 사람. 사실 이런 사람의 말은 아무리 옳은 말이라도 쓰레기통 속에 쓸어 담아야 한다. 그렇게 될 수밖에 없다. 영국의 시인 알렉산더 포프의 다음 문장이 그 이유를 잘 설명해 준다.

> 말은 잎사귀와 같아서 그것이 많은 곳에는
> 이해라는 과실을 찾기 어렵다.
> Words are like leaves; and where they most abound,

> Much fruit of sense beneath is rarely found.

    그래서 나는 대화에도 분배의 정의가 있어야 한다고 생각한다. 적어도 대화 참여자의 1/n을 초과하는 발언량을 가져서는 안 된다는 것. 그것도 나이 60을 넘어서면서부터는 그 초과하는 나이만큼의 일정 비율을 공제해야 한다는 것. 말을 줄여야 거기 권위가 생기고 품위가 만들어진다.

올라서면 보이는 것들
◇◇◇
까치발

내 아들 키는 나보다 20센티는 더 있다. 남들은 이 현상을 진화라고 부른다. 의심이 많은 사람은 나한테 유전자 검사를 권유한다. 내가 이런 여론에 흔들리지 않는 이유가 있다. 집 전화를 쓸 때였는데 그때 전화로 아내를 찾는 사람들은 다짜고짜 엄마부터 바꾸라고 했다. 그건 아들 목소리와 내 목소리가 별로 차이가 없다는 증거였다. 멀쩡한 증거가 있는데 당신 같으면 돈을 들여서 유전자 검사를 하겠는가.

어릴 때부터 시작된 작은 키 콤플렉스에서 나는 한동안 벗어나지 못했다. 장래희망을 묻는 사람들에게 '키 큰 사람' 되는 것이라고 농반진반의 대답을 하기도 했다. 키는 내게 결핍이었다. 신언서판이라는 말은 외모지상주의의 또 다른 버전처럼 들렸다. 말콤 글래드웰은 『블링크』라는 책을 써서 내 자존심의 벽에 결핍의 거푸집을 둘렀다. 키가 167㎝가 안 되는 미국인 남자는 수천만 명이지만 자기가 조사한 표본에서 CEO 단계까지 오른 사람은 모두 합해 10명뿐이었다는 거다. 남자의 키가 특정한 경향의 매우 긍정적인 무의식 연상을 일으킨다는 점을 시사하는 증거들이 많다고도 했다.

내가 좋아하는 작가 다이앤 애커먼은 한술 더 떠 내 기를 바짝 눌러놨다. "잘생긴 남자들도 잘나가는 경향이 있지만, 남자의 진짜 재산은 키다. 어느 연구에서 17,000명의 전문직 남성의 생활을 추적해 보았다. 키가 최소한 180㎝가 되는 사람들이 훨씬 잘 살았다. 더 많은 연봉을 받았고, 더 빨리 승진했고, 보다 유망한 지위로 뛰어올랐다."(『감각의 박물학』) 키 크고 속 못 차린다는, 예부터 전해 오는 말이 있기는 하지만 그건 몇 사람한테만 해당하는 말이다. 요새 와서 키가 재산인 것은 더 확실해졌다.

조조의 키는 7척이었다고 한다. 한나라 때 1척은 오늘날의 23㎝에 해당한다니, 7척이면 161㎝의 단신이다. 키가 7척 5촌(약 173㎝)인 유비나 키가 8척(약 184㎝)인 장비와 비교하면 조조는 키가 작아도 한참 작은 편이었다. 거기다 관우는 키가 9척, 수염 길이가 2자나 되었다. 지금의 기준으로 치면 207㎝의 키에 45㎝의 수염을 가지고 있던 셈이다. 살벌한 전장에서 관우 앞에 마주한 조조를 생각하면 그림이 떠오른다. 천하의 조조라지만 오싹 두려움이 엄습했을 거다.

나는 지금도 단체로 사진을 찍을 때면 키 큰 사람을 피해서 선다. 비교되는 것이 싫다. 아직도 신장 콤플렉스를 확실히 넘어서지 못한 모양이다. 그런데 위로가 되는 한 말씀이 있다. "겉모습이나 키 큰 것만 보아서는 안 된다. 나는 이미 그를 배척하였다. 나는 사람들처

럼 보지 않는다. 사람들은 눈에 들어오는 대로 보지만 주님은 마음을 본다."(사무엘1, 16:7)

골리앗과 싸워 이긴 다윗을 처음 뽑을 때 이야기다. 사울 왕을 버리기로 작정한 하느님이 새 임금을 뽑기 위해 예언자 사무엘을 시켜 이사이를 찾아가 면접을 하게 했다. 이사이의 아들 중에 제일 먼저 그의 장자 엘리압을 본 사무엘은 그의 빼어난 외모에 마음을 빼앗겼다. 하느님께서 새로운 왕으로 뽑아둔 자가 엘리압임에 틀림없다고 생각했던 거다. 그때 하느님께서 사무엘에게 말씀하신다. 나는 외모를 보고 사람을 뽑지 않는다고. 그런데 여기 "나는 사람들처럼 보지 않는다."는 말에 또 하나의 메시지가 있다. '사람들은 눈에 들어오는 대로' 본다는 것. 하느님이 미리 알고 계셨던 것처럼 우리도 세상 기준에서 예외가 될 수 없다. 다행히 세상 너머에서는 이 기준이 별 소용이 없다. 나는 위로자 하느님이 하신 말씀을 믿기로 하고 마음을 고쳐먹는다.

하느님이 보시기에 우리 인간은 도토리 키재기를 하고 있다. 제 눈에 보이는 것, 제 귀로 들은 것, 제 감각으로 느낀 것만이 전부라고 생각한다. 키가 크거나 작거나 인간은 결국 그 자신이 알고 있는 세계 내의 존재일 뿐이다. 경험이라는 자기 세계에 갇혀 사는 인간은 어찌 보면 다 거기서 거기다. 그래서 하느님은 자기 경험의 경계선을 넘어설 것을 요구하시는 것이다. 이건 신앙의 문제로만 생각할 일이 아니다. 적어도 자신이 감당할 만큼의 정신의 영토를 넓힐 수 있어야 한다. 우리 몸의 성장판은 닫혔어도 정신의 성장판은 언제고 자랄 수 있다. 그러려면 면면장免面牆을 해야 한다.

면면장은 논어 '양화편'의 이야기다. 공자가 어느 날 새벽, 뜰을 서성이다가 마침 소피를 보러 나온 아들 리鯉를 불러 세우고 물었다. "너는 주남周南과 소남召南의 시를 읽었느냐?" 수신과 제가의 유익한 생활 지침이 담긴 글을 깨우쳤느냐 물은 것이다. 미처 읽지 못했다고 대답하는 아들에게 충고한다. "자고로 사람이 시를 배우지 않으면 담장을 정면으로 마주 대하고 서 있는 것과 같으니 열심히 배워야 한다." 담장[牆]을 마주 대하고[面] 있으면 아무것도 보이는 게 없으니 면장面牆을 면免하지 않으면 우물 안 개구리가 되는 수밖에 없다. 담장은 성장의 문턱을 지키는 무서운 파수꾼이다. 자신이 아는 세계 너머로 나아가려면 이 파수꾼을 물리쳐야 한다. 담장 앞에서는 까치발을 들어야 세상 너머를 보게 된다.

클라인바움의 『죽은 시인의 사회』에서 키팅 선생이 가르치는 것도 결국 까치발을 들어 면장을 면하라는 것과 같다. 그는 책상 위에 올라서면서 자신이 가르치는 학생들에게도 책상 위에 올라가 보라고 권한다. 높은 곳에 올라서면 시야가 넓어지고 시야가 넓어지면 생각도 확장된다.

> "내가 이 위에 선 이유는 사물을 다른 각도에서 보려는 거야. 이 위에서 보면 세상이 무척 다르게 보이지. 믿기지 않

는다면 너희들도 한번 해봐, 어서. 어떤 사실을 안다고 생각할 때 그것을 다른 시각에서도 봐야 해. 바보 같고 틀린 일처럼 보여도 시도를 해봐야 해."

책상 위에 올라선다는 것은 일종의 비유다. 키팅 선생은 비유를 통해 세상을 살아갈 지혜를 가르친다. 세상을 바라보는 시야와 상상력을 키우고, 더 큰 세상을 향해 마음을 열라고 한다. 군맹무상群盲撫象의 오류, 곧 맹인이 코끼리 다리 만지듯 하는 편견을 떨쳐내라고 한다. 책상 위에 올라가라는 것은 까치발을 들라는 말이다. 마음의 까치발을 조금만 들어 올려도 시야가 달라지고 또 다른 세상을 보게 된다. 연암 박지원도 비슷한 말을 한다. 자기가 보는 것이 다가 아니라는 걸 또 다른 비유로 말한다.

아! 저 까마귀를 보라. 그 깃털보다 더 검은 것이 없건만, 홀연 유금乳金색이 번지기도 하고 다시 석록石綠색을 발하기도 한다. 해가 비치면 자주색이 튀어 올라, 눈에 어른거리다가 비취색으로 바뀐다. 그렇다면 내가 그 새를 '푸른 까마귀'라 불러도 될 것이고, '붉은 까마귀'라 불러도 될 것이다. 그 새에게는 본래 일정한 색이 없는데도, 내가 눈으로 먼저 그 색깔을 정한 것이다. 어찌 단지 눈으로만 정했으리요. 보지도 않고서 먼저 마음속으로 정해 버린 것이다.

> 아! 까마귀를 검은색에 가두어 두는 것만으로도 충분하거늘, 다시 까마귀를 기준으로 이 세상의 모든 색을 가두어 두려는구나. 까마귀가 과연 검기는 하지만, 앞서 말한 푸른색과 붉은색이 까마귀의 검은색 중에 들어 있는 빛인 줄 누가 또 알겠는가. 검은색을 일러 '어둡다'고 하는 것은 비단 까마귀만 알지 못하는 것이 아니라 검은색이 무엇인지조차도 모르는 것이다. (『능양시집』 서문 중에서)

이 글은 박지원이 자기 조카인 능양 박종선의 시집에 붙인 서문이다. 조카의 시를 품평하기 위해 지은 글이지만 세상 만물을 보는 깨우침도 함께 전하고 있다. 생각해 보자. 까마귀는 검은 새인가? 우리 경험이 그렇다고 대답한다. 우리가 보고 들은바, 까마귀는 의심할 여지없이 검은 새이다. 그렇다고 꼭 보아야만 아는가? 실물을 보지 않은 일곱 살 어린이에게도 까마귀가 검다는 인식이 학습된다. 고정관념이 형성되는 것이다. 연암이 얘기하는 것은 바로 이 고정된 관점을 넘어서라는 것이다. 리프레이밍reframing, 관점을 바꾸고 생각의 틀을 깨라는 것이다.

그렇다면 다시 묻자. 까마귀는 검은 새인가? 까마귀의 색은 자주색이었다가 비취색도 되고 유금색도 되고 하는 현란한 빛의 총합으로 이루어져 있다. 그런데도 인식의 감옥에 갇혀 현상의 배후에 있는 본질은커녕 실상조차 제대로 보지 못한다. '보지도 않고서 먼저 마음속으로 정해 버린' 예단 때문에 눈을 뜨고서도 진면목을 알지 못한다. 그래서 마음의 까치발을 들라는 것이다. 마음의 까치발을 들어 올리면 면벽한 인식의 감옥으로부터 자신을 석방할 수 있다. 그럼으로써 멀리도 보고 넓게도 보게 된다. 현상 너머의 본질도 눈에 들어온다. 세상에는 보이는 것만 존재하는 것이 아니라 보이지 않는 것도 존재한다. 피카소는 눈에 보이지 않는 것을 그렸다. 보이지 않는 옆과 뒤, 위와 아래를 하나의 평면 화폭에 담았다. 그가 그냥 화가가 아니라 피카소라는 이름으로 기억되는 이유다.

  관세음보살의 다른 이름인 관자재보살은 자유자재를 성취한 보살이라는 뜻에서 유래한 이름이다. 좁은 대롱을 통해서만 사물을 보는 '관견管見'에서 벗어나 전체를 보는 통찰력, 곧 일체지一切智를 획득한 존재이다. 자유롭게[自在] 사물을 볼[觀] 수 있게 되면 멀리도 보고 가까이도 보고 남도 보고 나도 본다. 그러나 중생들은 대롱 하나씩을 가지고서 그걸로 세상을 보는 기준을 삼는다. 지식이라는 대롱, 욕망이라는 대롱, 경험이라는 대롱의 감옥에 속박되어 있다. 장자莊子도 북해의 신 약若의 입을 빌어 같은 말을 했다. "우물 안 개구리에게 바다를 말해줄 수 없는 것은 그들이 사는 곳에 매여 있기 때문이고, 여름벌레에게 얼음을 말할 수 없는 것은 그들이 계절에 걸려 있기 때문이며, 고루한 학자들에게 대도大道를 말할 수 없는 것은 그들이 배운 지식에 묶여 있기 때문이다." 중생에게는 창공에 오른 독수리의 눈이 없다. 오직 자기 세계라는 늪에 빠져 허우적거릴 뿐이다. 이런 중생에게 다가올 필연적인 귀결은 죽음의 위기밖에 없다.

세계 최대 공항 중 하나인 미국의 존 F. 케네디 국제공항 4번 활주로에서는 매년 황당한 사건이 일어난다. 어떤 해에는 30분, 어떤 해에는 서너 시간씩 공항이 마비되는 것이다. 테러나 장비 문제 때문이 아니다. 비행기의 착륙과 이륙을 중단시키고 그래서 세계인의 시간표를 망가뜨리는 것은 100여 마리가 넘는 거북이들이다. 이들은 봄에 짝짓기를 하고 6~7월이면 알을 낳으러 자메이카 만의 모래사장으로 이동한다. 공항 옆의 해안가에서 올라와 가장 빠른 지름길인 4번 아스팔트 활주로를 곧장 가로지르는 것이다. 산란 이동이라는 한 가지 목표밖에 없는 이들은 비행기를 보지 못한다. 아무리 목을 빼더라도 더는 높이 보지 못한다. 거북이들은 한 치 앞만 볼 뿐이다. 까치발을 들지 못한다. 그들의 목숨이 비행기 바퀴에 산산조각이 나지 않은 것은 그나마 그들이 통과하기를 기다려주는 인간의 배려 덕분이었다.

나이가 들면 누구나 키가 줄어든다. 척추가 앞으로 기울고, 뼈 사이의 추간원판이 달라붙고, 팔다리 관절이 닳게 되어 있다. 걸음의 속도와 보폭이 줄어들고 육체의 신진대사가 느려진다. 누구나 예외가 될 수 없는 노화의 신체적 과정이다. 지식과 기억도 시간이 지날수록 반감기半減期에 접어든다. 이 또한 거스를 수 없고 거슬려서도 안 되는 자연 현상이다. 벤저민 플랭클린이 "많은 사람이 이미 25세에 생을 마감하지만 75세까지 땅에 묻히지 않는다."고 한 것은 우리가 벌써 성장을 멈췄다는 진단에 다름 아니다. 그러나 '많은 사람이' 그런다고 나도 정말 성장을 멈춘 것일까. 키는 줄었어도 까치발을 들면 되는 것이다. 정신의 성장판은 아직 닫힌 게 아니다.

행복의 또 다른 길
건망증

"옛날에는 이러지 않았는데……."
"젊었을 때는 잘 못 느꼈는데……."

나도 모르게 가끔 이렇게 구시렁거릴 때가 있다. 소화불량이라는 걸 모르고 살다가 어느 날 체기를 느낄 때, 무언가를 기억해내는 데 머릿속을 한없이 더듬적거리게 될 때, '옛날에는 어쩌구…'를 반복한다. 당연한 변화인데 말이다. 사물 이름이나 낱말 하나가 생각나지 않으면 가슴이 답답하고 막막해진다. 마음의 눈에는 그것이 어떤 것인지 훤히 보이는데, 그걸 언어로 생각해내는 데 시간이 오래 걸리거나 아예 가물가물하다 그냥 사라져버리는 거다. 재채기가 막 터질 듯 터질 듯하다가 제풀에 스르르 가라앉아버릴 때처럼.

책을 좀 읽는 편인데, 이게 또 계속 이걸 해야 하나 하는 회의에 빠지게 만든다. 읽은 내용이 며칠이면 송두리째 새어나가 사라지고 말기 때문이다. 밑줄까지 치고 어떤 것은 옮겨 적기까지 했는데도 머릿속에서는 며칠에 한 번 대청소라도 했는지 아무것도 남아 있지 않은 거다. 어릴 때 왜, 잘 외워지지 않는 것은 커닝을 해보려고 작은 쪽지에 깨알같이 적어 숨겨두는 일 있었잖은가. 그런데 그렇게 하는 순간 그것이 모조리 사진처럼 찍혀 굳이 커닝 따위 낯부끄러운 짓은 하지 않아도 될 때가 있었다. 독서도 그랬으면 좋겠는데 도무지 기억력이 받쳐주질 않는다. 어떤 때는 읽은 사실조차 기억나지 않아서 가지고 있는 책을 새로 산 일도 여러 번 있을 정도다. 그래서 공부도 다 때가 있다, 그러는 모양이다. 그럴 때마다 콩나물시루를 생각하며 마음을 토닥이곤 한다. 물을 주면 빠져나가고 말지만 어느새 콩나물은 그 물로 몸을 적시며 훌쩍 자라고 있던 거다. 나 역시도 부지런히 읽다 보면 내 정신의 콩나물이 조금씩은 자라고 있지 않을까 생각하며 자위하곤 한다.

어떤 신경심리학자는 자기 기억에 대한 신뢰가 부족하면 그게 악순환으로 이어질 수 있다고 말한다. 그런 사람은 새로운 것을 더 이상 배울 수 없다고 스스로 확신하면서, 새로운 기구의 사용을 식구들에게 내맡기고, 책 읽는 것도 포기하며 결국에는 더 이상 무언가를 배우거나 유지하려는 노력을 하지 않는다는 거다. 가끔 그런 사람 주변에서 보시지 않는가?

나는 기억이 가물거리는 변화를 인정하기로 한다. 자기 기억을 불신하는 대신 망각은 노화의 자연스런 단계임을 받아들이기로 한다. 사실 망각은 인지 기능의 필수적인 조건이다. 노인들만 건망증이 있는 것이 아니라 아이들도 끊임없이 잊어버리며 살고 있다. 70세만 그러는 것이 아니라 17세의 학생도 자기가 왜 방에 들어왔는지 까먹곤 한다. 그래서 나는 망각이든, 기억력의 쇠퇴이든, 누구에게나 있을 수 있는 현상임을 믿기로 했다.

기억력이 아주 비상한 초등학교 때 친구가 있다. 어렸을 때 얘기를 하다 보면 이 친구는 초등학교 시절에 일어난 일을 영사막처럼 펼쳐놓고는 자세히도 얘기한다. 아무개는 교실 창틀에 올려두었던 제라늄 화분을 축구공으로 깨트려서 복도에서 한 시간이나 손을 들고 벌을 섰다느니, 숙제를 안 해 온 아무개를 6학년 때 담임선생님이 따귀를 몇 대 무지막지하게 때렸다느니, 자기는 그걸 보면서 무슨 생각을 하고 있었다느니 하면서 별걸 다 기억하고 있는 친구다. 쓸데없는 것 좀 고만 잊어버리고 살아라, 하면서 지청구를 하지만 기억의 사진첩에 촘촘히 박혀 있는 사진들을 그 친군들 어쩌겠는가. 그 친구가 안 돼 보이는 것은 선생님에 대한 나쁜 기억이 너무도 강하게 각인돼 있다는 점이다. 추억은 대개 아름답게 포장되기 마련인데 이 친구는 아름다운 장면들을 남보다 좀 덜 가지고 있다고나 할까.

내 친구는 그래도 약과다. 보르헤스의 소설 「기억의 천재 푸네스」라는 작품에서는 모든 것을 기억해서 불행에 빠진 소년의 이야기가 나온다. 푸네스라는 소년은 말에서 떨어지는 사고를 당하고 전신이 마비된 대신 아주 사소한 것까지 빼놓지 않는 엄청난 지각력과 절대적인 기억력을 얻게 된다. 가령 "포도나무에 달려 있는 모든 잎사귀들과 가지들과 포도 알들의 수"를 기억하고 있거나 "1882년 4월 30일 새벽 남쪽 하늘에 떠 있던 구름들의 형태"가 어땠는지를 기억하는 식이다. 기억의 양이 엄청나다. "나 혼자서 지니고 있는 기억이 이 세상이 생긴 이래 모든 인간이 가졌을지도 모르는 기억보다 더 많을 거예요."라고 말하는 푸네스는 가히 '기억의 천재'라 불릴 만하다.

그런데 이게 비극이다. 푸네스 자신도 인정하고 있듯이 그 엄청난 양의 기억들이 모두 '쓰레기더미'와 같다는 것이다. 쓰레기더미와 같다는 것이 무슨 뜻일까? 아무것도 쓸모가 없다는 말이다. 중요한 것과 중요하지 않은 것들이 뒤죽박죽이 돼서 이제는 그 기억들이 다 의미가 없게 되었다는 뜻이다. 월화수목금토일, 하루하루의 일들을 다 기억하는 것보다 그중 의미 있는 한 시간을 기억하는 것이 인생에서 더 중요한 일일 수 있다. 모든 쓰레기 목록을 다 기억하는 소년, 그것을 매일매일 일일이 꺼내 보려면 얼마나 힘이 들었겠는가. 그의 절대적인 기억력은 축복이 아니라 오히려 저주였다. 기억력 때문에 그는 한순간도 편히 쉴 수 없었다. 절대적이고 완벽한 기억력은 절대 고통을 가져오는 장애에 불과했다.

『뇌의 문화지도』라는 책에서 다이앤 애커먼이 한 말이 인상 깊다. "뛰어난 기억력이라는 저주를 받은 사람들의 정신은 물건이 너무 많아서 흘러넘치는 벽장과 같다. 문을 열면 온갖 물건들이 눈사태처럼 쏟아져 나오는 벽장 말이다". 이어서 또 이렇게 쓴다. "망각은 기억의 부재가 아니라 기억의 동맹이다. 뇌가 민첩하고 분주하게 활동할 수 있게 해주는 장치인 것이다". 망각이란 뇌가 부지런하고 효율적으로 일할 수 있도록 쓰레기로 뒤덮인 길을 잘 정리정돈해주는 일과 같다는 것이다. 이쯤 되면 망각은 생존을 위한 필수 기술이라 해도 과언이 아니겠다. 그렇다면 이런 시는 또 어떤가.

> 다람쥐의 건망증은 참으로 위대하다
> 다람쥐가 땅속에 묻어놓고 잊어버린
> 도토리들이 자라서 상수리나무가 되었다면
> 상수리나무가 이룬 숲과
> 숲이 불러들인 새 울음소리,
> 모두가 다 다람쥐의 건망증 덕분이 아닌가
> 한겨울 눈이라도 내리면
> 파묻어논 양식을 도무지 찾지 못해
> 부르튼 두 손을 부비며 떨고 있었을 다람쥐
> 그 차디찬 시장기에 가슴 한쪽이 찌르르 아파오긴 하지만
> 다람쥐의 건망증 때문에 세상은
> 그나마 간신히 돌아가고 있는 것은 아닌가
> 양 볼이 뽈통하게 튀어나오도록 양식을 거두고
> 언젠가 고 작은 손이 부르트도록
> 땅속 깊이 심어놓은 한 톨 위에 올라가 무심히

> 뛰어놀고 있는 다람쥐,
> 제가 본 세상을 온전히 기억하고 싶어
> 자신의 기억 한쪽을 애써 지워버렸나 보다
> ― 손택수, 「다람쥐야, 쳇바퀴를 돌려라」

　손택수 시인은 한술 더 떠 망각예찬론자가 된다. 건망증이야말로 우주적인 질서에 기여하는 일일 수 있다는 것이다. 천진한 다람쥐 이야기 아마 들어 보셨을 거다. 다람쥐가 양 볼 한가득 도토리를 물고 숨길 곳을 찾다가 마침 하늘에 떠 있는 흰구름을 보고 '옳거니, 여기다 묻자' 하고선 흰구름을 표지 삼아 그 밑에 묻어둔다는 얘기. 그 후 흰구름은 어디론가 흘러갔을 것이고 다람쥐가 찾지 못한 구름 밑의 땅속에선 이듬해 도토리가 싹을 틔웠을 것이다. 이 얘긴 물론 낭만적인 스토리텔링이다. 그래도 실제로 다람쥐가 건망증은 좀 있다는 말은 믿을 만하다. 가을에 밤, 도토리 같은 것을 주어다가 여기저기 땅속 깊숙이 묻어두는데 건망증 때문에 묻어 둔 곳을 잘 잊는다고 말이다. 다람쥐가 못 찾는 열매가 95%나 된다고 말하는 사람도 있는데 그건 아마 과장일 거고, '상당수' 정도를 못 찾는다고 봐야겠다. 그 못 찾은 씨가 나중에 눈이 터서 나무로 자라는데, 그 나무가 마침내 숲을 이루고 그 숲이 또 새를 불러들인다는 것, 이것이 손택수 시인의 시를 떠받치는 상상의 기반이다. 이 시를 통해 우리 모두가 떨쳐내지 못하는 망각의 불안증을 조금은 위로받을 수 있지 않을까 생각해 본다.

  이 시에서처럼 '위대하다'고까지 말하기는 어려워도 건망증, 망각, 크게 걱정하거나 상심할 일은 아닌 거 같다. 수치스러웠던 일에 대한 기억, 이별과 죽음에 대한 트라우마, 쓰리고 아픈 상처와 좌절의 시간들을 젊을 때의 총기를 발휘해서 모두 끌어안고 소환해야 할까? 슈바이처 선생이 말했다고 한다. 행복은 좋은 건강과 나쁜 기억력에 다름 아니라고. 잊고 사는 것이 행복하다는 말이다. 어차피 그건 낙엽이 지는 것 같은 순리이기도 하다. 때가 되면 그렇게 견고하게 붙어 있던 나뭇잎도 낙엽 되어 떨어지지 않던가. 우리 기억들도 머릿속에서 떨어져 나가는데, 의미 없는 것들부터 하나하나 털어낼 수 있다면 그것도 좋은 일이다. 그러고 나면 소중한 것만 남아있을 테니까. 낙엽이 지면 산속이, 세상이 훤하게 잘도 보이지 않던가. 머리속의 쓰레기더미를 치우고 나면 인생의 중요한 것들이 제대로 보이기 시작할 거다. 그러니 잊어버리는 것을 두려워하지 말기로 하자. 오히려 잘 잊기로 하자.

  독일의 법학자인 레오 로젠베르크가 이런 말을 했다. "처음엔 이름, 그다음엔 얼굴을 잊는다. 그런 다음, 지퍼를 올리는 것을 잊는다. 그리고 지퍼를 내리는 것을 잊는다." 다른 건 다 잊어버려도 되는데, 지퍼를 내리는 것을 잊으면 큰일 난다. 우리 마지막 순간에 이를 때까지 그것만은 부디 잊지 않기로 하자.

지상의 마지막 거처
요양원

　말년의 삶을 상상해본다. 답답하고 끔찍하다. 마지막으로 거쳐야 할 곳이 요양원(요양병원)이라 생각하니 두렵기도 하다. 사실이 그렇지 않은가? 당신은 생의 마지막 기착지로 요양원 말고 따로 정해둔 곳이 있는가? 이곳 말고, 심장이 두근거릴 만한 어디 딴 데라도 있으면 같이 좀 가시자고 부탁드린다. 오늘 우리가 보고 듣는 현실 속 요양원은 나 같은 가을 세대들의 미래를 위탁할 만한 곳이 못 된다. 상상만으로도 어둡고 눅눅하며 을씨년스럽기 짝이 없다. 메두사호의 뗏목에 가까스로 걸터앉은 처지나 다름없다. 자잘한 즐거움으로 반짝거리던 저녁바다의 노을은 사라진 지 오래다.

　김경욱은 단편소설 <천국의 문>에서 요양병원의 밤을 이렇게 묘사했다 ; "죽음처럼 무거운 고요 속에서 묵은 기침 소리, 코 고는 소리, 슬리퍼 끄는 소리가 희미하게 들려왔다. 어디선가 물 내리는 소리도 났다. 어렴풋한 그 소리들은 딴 세상에서 새어 나오는 것처럼 비현실적인 데다 살아 움직이는 것들의 활기와도 거리가 멀었다.

여자는 시멘트로 짠 거대한 관 속에 들어온 느낌이었다." '거대한 관 속'이라고 하였다. 들어갈 수는 있으되 출구는 따로 마련되지 않는다. 만약 출구가 있다면 영안실에 이르는 문일 것이다. 이 일방통행의 노선에서 역주행은 허용되지 않는다. 내 생각에, 요양원은 우리 숨이 남아있는 지상의 마지막 거처일 것이다.

> 혼자 살다가, 버티다가
> 딸내미, 사위들 몰려와서
> 가재도구 차에 나누어 싣고
> 앞집 할머니 콜택시 불러 요양병원으로 떠난다
>
> 아프면 아프다 진작 말하지
> 요 모양 요 꼴 되어서
> 이웃에서 전화하게 만들었느냐고
> 노모를 타박하는 딸년도
> 눈시울 뭉개져 아무 말 없는 노인네도
> 무던하다 생이 그렇다
>
> 겨울 지나는 입춘 바람이 맵다
> 살던 집 둘러보는 노구의 구부러진 그림자를
> 휘청 담벼락이 받아준다

거기가 요양하는 곳이라면 얼마나 좋으랴만
당신도, 나도 우리도 다 안다
대합실 같은 곳, 대기소 같은 곳
그러나 다행이다
더 요양할 삶이 남아 있지 않다

—복효근, 「입춘 무렵」 부분

    시인이 관찰하고 있는 '앞집 할머니'의 종착점은 요양병원을 경유하게 되어 있다. 요양이 '환자가 질병을 치료하기 위하여 편안한 장소에서 쉬면서 심신을 보살피'는 사전 속의 그 요양이 아니라는 것쯤은 누구나 다 알 거다. '대합실 같은 곳, 대기소 같은 곳'이라고 했다. 어디로 떠나려는 대합실이고, 무엇을 기다리는 대기실이겠는가. 파도에 휩쓸려 사라지거나 바다로 내던져 하나씩 하나씩 줄어드는 메두사호 뗏목 위 생존자들의 유예된 삶과 무엇이 다르겠는가. 넓은 바다 뗏목 위에서 생과 사의 구분은 쪽빛과 파랑의 경계만큼이나 구별 짓기 힘들었을 것이다. 겨울과 봄 사이에 '입춘 무렵'이 있지만 둘을 구획하는 것이 모호한 것처럼, 생과 사의 사이에도 '요양병원'의 시간이 있지만 잠시 유보된 시간일 뿐이니 생사를 굳이 구분할 필요도 없겠다. 매운 입춘 바람의 뒤끝에 생동하는 봄기운이 일어 할머니의 생을 다시 일으켜놓을 수 있다면 얼마나 좋겠는가.

"더 요양할 삶이 남아 있지 않"아 다행이라니 얼마나 가슴 아픈 역설인가.

콜레트 메나주라는 프랑스 작가는 외부와 단절된 세 가지 시설로 감옥과 수도원, 노인 요양원을 꼽는다. 감옥은 강제로 들어가는 곳이지만 종신형만 받지 않으면 언젠가 자유세계로 복귀한다는 기대를 가질 수 있다. 다시 돌아와야 하므로 외부 사건에 관심도 많다. 수도원은 본인 결정으로 들어가는 곳이다. 거기서는 자신의 신념과 신앙을 더 강화할 수 있도록 충분한 배려를 받는다. 내면의 평화가 흔들리면 언제고 외부의 삶을 다시 선택할 수도 있어 여백이 많다. 콜레트 메나주의 눈에는 노인 요양원이 문제다. 가족과의 정서적 유대를 더 이상 유지할 수 없는 격리된 공간이다. 그동안 공들여 가꾸어 온 모든 인간관계도 유효기간이 소멸된다. 아는 사람이 하나도 없는 절해고도에 던져진 채 마음의 등불마저 끄고 마지막 수속을 기다려야 한다. 안타깝지만 이게 요양원의 삶이다.

자식들 집에서 마감하는 노인의 삶과 노인들 속에 파묻혀 마감하는 노인의 삶은 크게 다르다. 자신이 유기되었다는 생각에서 오는 심리적 침하에 맞설 만큼 노인의 의지는 단단하지 못하다. 지금 요양원에 머물고 있는 우리의 부모 세대는 자식을 재산이라고 생각하며 헌신의 시간을 견뎠던 분들이다. 그들에게 자식은 노후를 보장하는 보험이었다. TV가 귀하던 시절, 내 친구 아버지는 자식이 '테레비'라고 말했다. 키가는 자식을 바라만 보아도 만면에 번지는 웃음을 지울 길 없던 거였다.

　노후를 지지해 줄 것이라 믿었던 안전판이 무너지기 시작했다. 자식들은 부모의 노후를 더 이상 지켜 줄 수 없게 되었다. "아프면 아프다 진작 말하지/요 모양 요 꼴 되어서/이웃에서 전화하게 만들었느냐고/노모를 타박하는 딸년"에게 먼저 돌을 들어 정죄할 처지가 못 된다. 못된 '딸년'과 더불어 우리는 모두 이심전심 한통속이다. 어쩌겠는가. 현실이 그럴 수밖에 없지 않느냐는 어설픈 합리화로 부끄러움의 꼬리를 자를 수밖에. 한술 더 떠, 나는 내 발로 요양원에 들어가겠다는 선언으로 불효에 대한 자책을 떨쳐낼 수밖에.

　우리의 노후를 자식에게 기대보겠다는 기대는 언감생심 꿈도 꿔서는 안 된다. 앞으로 우리 세대의 노인시설 입소는 자발적 선택이어야 한다. 등 떠밀린 선택이 아니라 적극적인 결단이어야 한다. 잡지사 기자 출신의 싱글 여성 이정옥은 은퇴 후 실비 양로원과 요양시설에서 10년을 지내보고 나서 『반만 버려도 행복하다』(동아일보사)라는 책을 썼다. 노인시설에서 살아가는 노인들은 노년의 원숙함 대신 "키도 작아지고 마음도 작아진다. 마음이 작아지니 이해력도 낮아진다. 사소한 일로도 오해하고, 뜻 없는 한마디에도 서러워한다"며 그들의 아픈 일상을 그려냈다. 노인에 대한 선입견과 차별, 무관심과 유기를 직면하면서 관대하고 원숙하게 익어가기란 쉽지 않은 일이라고 말했다.

　이정옥이 성찰하고 있는 주제들, 가령 어떻게 하면 적막하지 않게 지내고, 어떻게 하면 마음의 평화를 얻고, 어떻게 하면 아름답게 늙다가 생의 마지막 이별을 맞이할 것인지의 문제들은 여전히 진행형이다. 이 대목에서 스웨덴 여성 작가 카타리나 잉엘만순드베리가 쓴 『감옥에 가기로 한 메르타 할머니』라는 소설을 소개하고 싶다. 유쾌한 노년을 위한 정신승리법의 예로 읽어둘 만하다. 노인 요양원에서 "합창단의 노인 친구들과 함께 '빛나는' 제3의 인생을 살고 싶었"던 79세의 메르타 할머니는 기상천외한 일탈을 꿈꾼다. 요양소의 생활 수칙은 8시 취침, 간식 금지, 산책은 어쩌다 한 번 등이어서 갑갑하기 짝이 없다. TV 다큐멘터리에서 본 감옥에서는 하루 한 번씩 꼬박꼬박 산책을 시켜준다는데 요양원은 감옥만도 못하다며 분개한다. 마침내 메르타 할머니가 주동이 되어 요양원 합창단 친구들을 꼬드겨 강도단을 결성하고, 감옥에 들어가기 위한 은행털이 범죄를 계획한다. 이후 소설은 좌충우돌하는 5인조 노인 강도단의 활약으로 스토리라인을 구축하며 재기 넘치는 에피소드들을 엮어낸다.

 이 소설이 던지는 메시지는 다음의 문장으로 요약될 수 있을 것이다 ; "낙엽 지는 황혼기를 맞아 인생을 조금 즐겨 보고 싶은 노인들이 강도가 되는 것 이외에 다른 길이 없다면 그 사회는 분명 뭔가 잘못된 사회임에 틀림없다." 나는 또 다른 메시지를 발견한다. 평균 나이 80세의 노인들에게도 넘치는 에너지와 눌러둔 욕망이 있음을 알아달라는 것. 노인들도 치밀한 책략을 꾸미고 이를 현실화할 수 있는 능력을 가지고 있다는 것. 아직은 더 일을 하고 자유를 누리면서 품위 있게 살고 싶다는 것. 잉엘만순드베리의 소설은 편견과 무시로 노인을 응대하는 사회의 시스템에 이렇게 항의하는 것이다.

한편으로 기막힌 소설 속 제안 하나가 눈에 띈다 ; "정계에 입문하려는 자는 남자든 여자든, 적어도 6개월 동안 노인 요양소에 와서 일한 경험이 있어야 한다." 이 문장을 읽으면서 블랙 유머 하나를 떠올린다. 우리나라 교도소는 다른 나라보다 시설과 복지가 좋은 편이라는데, 그 이유는 국회의원 같은 입법자들이 언젠가 자신이 가게 될 곳이라서 예산을 넉넉하게 편성해 두기 때문이라는 것이다. 어린이집 등에서 적지 않게 일어나는 아동학대에 사회적 관심이 크게 높아졌다. 그에 비해 노인시설에서 자행되는 인권 유린에는 아직 제도의 힘이나 가족의 관심이 충분히 미치지 못하는 듯하다. 그곳이 미래의 내 집이라는 실감이 아직 오지 않기 때문일 것이다. 소설 속 제안처럼 입법자들에게 노인 요양 시설의 현장 경험을 요구하든지, 이해당사자인 우리가 나서서 문제 개선에 힘쓰든지 하지 않으면 정말로 '체온 없는 방'에서 비참한 노후를 맞게 될지도 모른다.

인생을 편안하게 해주는 다섯 가지 만남이 있다. 만나는 순서대로 말하면 이렇다. 1. 좋은 부모 2. 좋은 선배나 친구 3. 좋은 배우자 4. 좋은 자녀. 마지막 다섯 번째가 무엇인지 아는가? 좋은 요양원이다.

'후레자식'을 위한 위로
고려장

어렸을 때인데, 수원 백씨 우리 할머니가 잊을 만하면 들려주던 이야기가 하나 있다. 옛날에 한 할미가 늙어서 그만 일을 못 하게 되었더란다. 쓸데가 없게 되니 아들이 제 에미를 산에 갖다 버리려고 담요를 둘둘 말아 지게에 같이 얹더래. 그 모양을 본 손자가, 말아둔 담요를 내려 펼치더니 그걸 반으로 싹둑 자르더란다. 손자가 하는 말이, 이건 뒀다가 아버지 싸서 버릴 때 쓰려구요. 그제야 화들짝 놀라 정신이 든 아들은 잘못을 뉘우치고, 늙은 어미가 죽을 때까지 지성으로 모시고 잘 살았다는구나.

고려장 이야기다. 나중에 보니 우리나라에서는 '담요'가 아니라 '지게'를 다시 가져오는 것으로 회자하고 있었다. 그것도 출처는 중국의 「효자전」이었다. 원곡原穀이란 사람에게는 늙은 할아버지가 있었다. 원곡의 아버지는 제 아비를 싫어하여 산에 갖다 버리기로 결심하였다. 열다섯 살 된 원곡은 울면서 말렸으나 아버지는 끝내 듣지 않고 수레를 만들어 할아버지를 갖다버렸다. 원곡이 따라가 수레를 다시 가져오니, 아버지가 "이처럼 흉한 것을 무엇에 쓰려고 하느냐?" 하였다. 이에 원곡이 "다음에 아버지가 늙으면 다시 만들지 않도록 하기 위해서입니다."라고 대답했다는 것. 아버지는 부끄러움을 느껴 자기 아버지를 다시 모시고 왔다는 거다. 이후 잘 봉양하여 마침내 효자가 되었다.

원전原典에서는 '수레'였던 것이 우리나라에 와서는 '지게'로, 우리 할머니에게 와서는 '담요'로 다시 변용되었던 거다. 그런데 다시 보니 우리 할머니가 말씀하던 레퍼토리가 저 먼 나라 아일랜드 전래동화에도 그대로 녹아 있지 뭔가. 동화에 등장하는 남자는 매일 먹기만 하고 담배만 축내는 늙은 아버지가 못마땅했다. 더 이상 참지 못하고 남자는 아버지를 담요로 덮어 먼 곳에 내다 버리기로 했다. 준비를 마치고 집을 나서려는데 그의 아들이 앞을 막아섰다. "아버지, 담요의 반을 잘라서 저에게 주세요. 그래야 아버지가 늙었을 때 저도 그것을 덮어서 갖다 버리잖아요." 아들의 말을 들은 남자는 잘못을 뉘우치고 생각을 고쳤다는 내용이다.

그림 형제의 동화 중에 「할아버지와 손자」라는 작품이 있다. 옛날 옛적에 아주 늙은 할아버지가 살고 있었다. 할아버지의 눈은 침침해서 잘 보이지 않았고, 귀도 먹고 무릎까지 덜덜 떨렸다. 식사를 할 때는 스프를 질질 흘리기 일쑤였다. 아들과 며느리는 그런 모습이 보기 싫어 할아버지를 난로 뒤 구석자리에 앉게 했다. 음식도 더러운 그릇에 주었고 그나마 배불리 주지도 않았다. 요새 말로 치면 노인 학대였다. 그러다 한번은 그릇을 들고 있던 손이 떨려 그릇을 그만 깨뜨리고 말았다. 젊은 며느리의 야단에도 할아버지는 한숨만 쉴밖에. 그 일이 있었던 뒤 며느리는 싸구려 나무그릇을 주어다가 거기에 음식을 드렸던가 보다. 식구들이 모여 있을 때 다섯 살짜리 손자가 마당귀에서 작은 나무판을 주워 나르는 것을 보고 아이의 아버지가 물었다. "얘야, 그걸 가져다 뭘 하려는 거니?" "그릇 만들 거예요. 나중에 내가 크면 엄마랑 아빠 밥은 여기다 담아주려고요." 이 말을 들은 아들과 며느리는 서로를 쳐다보며 크게 뉘우쳤다. 그리고 할아버지를 다시 식탁으로 모시고, 할아버지가 음식을 흘려도 잔소리를 하지 않았다. 고려장의 또 다른 변용으로 볼 만한 이야기이다.

예나 지금이나 제 부모를 낯선 곳에 버리는 패륜이 실제 일어나지 않는다고 단언하기는 어렵다. 『고려사』에 "조부모나 부모가 살아있는데, 아들과 손자가 호적과 재산을 달리하고 공양을 하지 않을 때는 징역 2년에 처한다."는 기록이 있는 것을 보면 그때도 개인의 패륜적 일탈이 종종 일어나기는 했던 모양이다. 그러나 '고려장'이 고려시대의 노인 유기 풍습에서 비롯된 상장례법이었다고 하면 아마 고려 조상들이 한참 억울해할지도 모르겠다. '고려장'이라는 이름 때문에 애먼 '고려'만 누명을 뒤집어썼을 가능성이 큰 거다. 고려장이 풍습화되었다는 역사적 자료나 근거가 전혀 없다는 것이 학계의 정설이다. 고려 역시 효가 강조되었던 보수적인 사회였음은 말할 것도 없다.

  세상이 변했다. 환경이 바뀌니까 사는 방식도 변했다. 병수발할 사람은 없는데 집안에 와상臥床 노인이 생기면 어떻게 해야 할까. 집안에 치매 앓는 노인이 있으면 밥벌이 문제와 병행할 방법이 있을까. 밥은 누가 먹이고 똥은 누가 치워야 하나. 직장을 그만두고 간병에 전념해야 할까. 그럴 때 사람들은 요양원을 생각하는데, 아니 요양원이라도 있어 줘서 고맙다고 생각하는데, 아래 시를 쓴 시인은 보수적인 의식이 그림자처럼 달라붙어서 그러는지 자꾸만 고려장을 떠올린다.

    고향집에서 더는 홀로 살지 못하게 된
    여든셋, 치매 앓는 노모를
    집 가까운 요양원으로 보낸다
     시설도 좋고, 친구들도 많고
    거기가 외려 어머니 치료에도 도움이 돼요

    1년도 못가 두 손 든 아내는
    빛 좋은 개살구들을 골라
    여기저기 때깔 좋게 늘어놓는다, 실은
    늙은이 냄새, 오줌 지린내가 역겨워서고
    외며느리 병수발이 넌덜머리가 나서인데

버럭 고함을 질러보긴 하였지만, 나 역시 별수 없어
끝내 어머닐 적소適所로 등 떠민다

에비야, 집에 가서 같이 살면 안 되나?
어머니, 이곳이 집보다 더 좋은 곳이에요
나는 껍질도 안 깐 거짓말을 어머니에게 생으로 먹이고는
언젠가 나까지 내다 버릴지 모를
두려운 가족의 품속으로 허겁지겁 돌아온다

고려장이 별 거냐
제 자식 지척에 두고 늙고 병든 것끼리 쓸리어
못 죽고 사는 내 신세가 고려장이지

어머니의 정신 맑은 몇 가닥 말씀에, 폐부에 찔린 나는
병든 개처럼 허정거리며

21세기 막된 고려인의 집으로 돌아온다
천하에 몹쓸, 후레자식이 되어
퉤퉤, 돼먹지 못한 개살구가 되어

— 김인육, 「후레자식」

시인은 노모를 산속에 버리고 온 것이 아닌데도 끝내 천연덕스러울 수 없던 거다. 환경이 그렇고 시대가 그런데 어쩔 수 있겠냐고 위로해 줘도 면죄부가 되지 않는 모양이다. 스스로 '후레자식'이라고 자책하는 마음이 안쓰럽고 짠하다. 이 땅의 아들들에게, 또 딸들에게 잔잔한 공명을 일으킬 만한 실존적 현실의 시적 대면이다.

종종 대포 한 잔씩 나누며 속마음을 털어놓는 선배 한 분이 계신다. 90대의 노모를 요양원에 모신 칠순의 그분도 자신의 불효를 자책하며 눈물을 보일 때가 있다. 나이가 들어 눈물이 흔해진 탓이라며 민망해하는 그분에게 막상 위로를 드릴 마땅한 말씀이 없었다. 사실 그건 해결해야 할 문제가 아니라 받아들여야 하는 문제다. 그러니 혼자 너무 아파하시지 말라는 말씀밖에는 더 좋은 위로가 떠오르지 않았다.

사실은 우리가 사는 집 가까운 곳으로 모시는 것만 해도 천만다행일 수 있다. 노인을 수출하는 나라도 있다는 걸 들으면 더 그렇다. 어디서 들었는데, 일본은 아프리카 해안에 '보호구역'을 사들여 노인들을 내보낼 계획을 추진하고 있다고 한다. 또 세계 최고의 노인복지를 자랑하는 독일에서도 헝가리나 슬로바키아 같은 동유럽국가의 요양시설로 노부모들을 '원정 요양' 보내고 있다고 한다. 모로코 양로원은 물가가 싼 데다 전문 인력을 구하기가 쉬워 간병인 구하기가 힘든 나라의 노인 수출 대상국으로 떠오르고 있다는 거다.

그러나 자기가 태어난 나라로부터, 자신에게 익숙한 언어와 풍속으로부터, 가족과 친지의 체온으로부터 멀리 떨어져서 삶을 마치라고 하는 것이 과연 잘하는 일일까. 집 가까운 요양원에 모시고 가끔씩 찾아뵙는 것만으로도 감사할 일 아니냐고 말하면 안 되는 걸까. 그동안 겪어보지 않은 일을 처음 겪기 시작하는 세상의 '후레자식들'에게 말씀드린다. 도심 곳곳에서부터 한적한 시골마을에 이르기까지 점점 늘어나는 요양원들을 이제는 받아들여야 한다고 말이다. 저녁놀을 맞이하듯이 지금의 일들을 편안히 맞이할 일이다.

유붕자원방래, 불역낙호
친구

　인생을 편안하게 해주는 다섯 가지 만남 중에 좋은 부모나 좋은 자녀를 만나는 일에는 당사자의 의지가 개입될 여지가 없다. 좋든 싫든, 잘났든 못났든, 원망이 있든 없든, 그 관계는 선택의 영역이 아니다. 배우자 역시 일반적으로는 이미 선택의 과정을 지나왔으므로 특별한 상황이 아니라면 노년의 나이에는 좋은 배우자를 고르고 말고 할 수 있는 일이 아니다. 물론 좋은 부모, 좋은 자녀, 좋은 배우자를 만들기 위한 노력이 있을 수는 있다. 그렇게 하지 못하더라도 운명이려니 하고 살아야 하는 게 이들과의 관계다.
　그러나 좋은 친구와 만나는 일은 돌담을 쌓는 데 필요한 돌을 찾는 것과 같다. 우선 적당한 크기와 모양을 갖추고 있는 돌을 골라야 한다. 그런 마음에 드는 돌, 소위 궁합이 맞는 돌을 고르는 것은 쉽지 않을뿐더러 여간 품이 드는 일이 아니다. 기초로 쓸 만한 크고 넓은 돌도 있어야 하고, 묵직하고 각진 돌도 그것대로 소용이 있다. 속을 채우고 틈을 막을 잔돌도 없으면 안 된다. 석축공은 돌더미를 제

치고 굴려 가며 상황과 처지에 맞는 돌을 발견하고 선택한다. 돌덩이를 골라 담장의 퍼즐을 맞추는 것은 친구를 만나 우정을 쌓아가는 일을 떠올리게 한다.

아무 돌이나 갖다 마구잡이로 쌓기만 하면 돌담은 필경 무너지고 만다. 돌무더기 중에 방석돌로 쓸 것인지, 세움돌로 쓸 것인지, 또는 묶음돌로 쓸 것인지를 생각하여 각각의 자리에 맞는 돌을 놓아야 한다. 이해타산을 하라는 것은 아니지만 친구도 분별을 가지고 만나야 우정이 오래간다. 논어 계씨편에서 공자가 '익자삼우, 손자삼우 益者三友 損者三友'를 말한 취지도 인생을 튼튼히 해줄 친구를 신중히 고르라는 데 있다. 자신을 풍요롭게 채워줄 친구를 골라 삶의 아귀를 잘 맞추라는 것이다.

그런 점에서 친구의 사귐에는 어느 정도의 이기적 동기가 작용한다. 물론 무언가를 도모하기 위한 수단으로 친구를 이용하려는 의도가 있다면 이는 마땅히 경계해야 할 악덕이다. 친구는 무수히 많은 사람 가운데서 '특별히' 선택한 존재이므로 그를 '특별하게' 대우하는 것이 옳다. 다른 사람에게라면 주지 않을 것을 '그' 사람이니까 주어야 하는 게 친구이다. 누구에게나 줄 수 있는 것을 주는 것은 그에게 아무것도 주지 않은 것과 같다. 그것이 호의든 존중이든 신뢰든 다른 사람과 차별되는 특권이 그에게 주어져야 한다.

친구는 돌처럼 중하다. 돌담에 있는 돌을 수시로 빼내거나 이리저리 옮길 수 없는 것처럼 친구도 무겁게 맺어진 관계라서 함부로

풀거나 부술 수 없다. 우정은 돌에 새기고 원수는 물에 새기라는 말은 인간관계를 쇼핑처럼 생각하는 세태를 돌아보게 하는 격언이다. 그러나 꼭 세태를 나무랄 일만도 아니다. 모든 관계가 그렇듯이 친구와의 관계도 나의 태도에 달려 있다. 좋은 친구를 '선택'한 만큼 좋은 친구가 '되는' 일에도 마음을 다해야 한다. 좋은 친구는 내가 만드는 것이다. 내가 그를 몇 번째로 대하는가에 따라 나의 위치도 정해진다. 내가 친구를 두 번째로 생각하면 나도 그에게 두 번째가 되는 것이 관계의 이치다.

문제아의 부모가 상투적으로 하는 말이 있다. '전에는 안 그랬는데 친구를 잘못 사귀어서….' 일부는 옳지만 일부는 잘못된 생각이다. 그 말을 하기 전에 자기 아이가 스스로 좋은 친구가 되었는지는 살피지 않는다. 사실 그 사람이 곧 그 친구다. 친구를 알면 그 사람이 보인다고도 했고 유유상종이라는 말도 부인하기 어려운 게 사실이다. 자기계발 분야에서 명성을 얻은 짐 론Jim Rohn은 사람은 가장 많이 어울리는 다섯 사람의 평균이라고 말한다. 평균값을 올리려면 내가 먼저 좋은 사람이 되어야 한다. 친구는 호혜적인 관계이기 때문이다.

정치학자 제임스 파울러James Fowler와 사회의학자 니콜라스 크리스타키스Nicholas Christakis가 있다. 두 사람은 21세부터 70세까지 성인 5,124명의 실험 참가자들을 30년이 넘게 추적하면서 사회적 지리적 근접관계가 사람들의 행복과 불행에 미치는 영향을 연구

했다. 결과는 이랬다. 행복은 독감 바이러스처럼 전염성이 강하다. 앞집에 행복한 사람이 살고 있으면 그렇지 않은 경우보다 행복지수가 높다. 삶이 즐겁고 행복한 삶을 사는 친구가 반경 1.6km 안에 있을 경우 내가 행복감을 느낄 확률은 무려 25%나 높아진다. 한 다리 건너 그 친구의 친구까지 행복하다면 친구의 친구는 내가 행복해질 확률에 10%의 영향을 준다. 친구의 영향이 얼마나 큰가를 보여주는 대목이다.

  만난 지 얼마 되지 않은 선배의 지인이 있다. 술이라도 한잔 하다 보면 이런저런 세상 이야기를 하게 마련인데 그가 다른 사람을 나쁘게 말한 적이 한 번도 없다는 것을 어느 날 문득 깨달았다. 식사를 할 때 음식이 맛없다는 소리 역시 그의 입에서는 나오지 않는다. 예의상 덕담을 하는 게 아니라는 것은 음식점의 주방장에게 하는 말에서도 느껴진다. '참 맛있다', '고맙다', '정말 잘 먹었다'는 표현은 그의 몸에 밴 식당 메들리 레퍼토리다. 나는 가식이 느껴지지 않는 그의 언행에서 나이 듦의 품위와 인격을 느낀다. 어떤 때 나도 모르게 그를 흉내 내고 있음을 느끼면서 나는 파울러와 크리스타키스의 연구 결론을 흔쾌히 받아들인다. 그는 내게 거울이면서 등대다. 그를 만날 때마다 나는 마음이 화사해지고 유쾌해진다.

  고대 힌디어에 '겐샤이Genshai'라는 단어가 있다. 누군가를 대할 때 상대방이 스스로를 작고 하찮게 느끼도록 대해선 안 된다는 의미로 쓰인다. 거리에서 걸인을 보고 무심코 동전을 던져주었다면,

그건 동정이지 겐샤이를 실천한 게 아니다. 무릎을 꿇고 걸인의 눈을 바라보면서 그의 손에 동전을 올려놓을 때라야 비로소 그 동전은 사랑이 된다. 나는 친구 사이에도 겐샤이의 실천이 필요하다고 본다. 무심코 던진 말이 친구를 위축시키고 부서지게 만든다. 지인들 중에는 틈만 나면 학벌 자랑, 자식 자랑, 돈 자랑인 나르시시스트들이 있다. 자랑할 게 많아서이겠지만 자식 걱정이 많은 사람, 돈이 없는 사람에 대한 도리가 아니다. 그들은 다른 사람들에게는 관심이 거의 없다. 관심이 없으니 배려가 있을 리 없다.

고등학교 때 놀기 바빠서 대학을 겨우 턱걸이해서 들어갔다는 둥, 학사주점에서 막걸리만 마시느라 학점이 펑크가 났다는 둥, 자기 치부를 보이는 듯하지만, 대학 문턱에도 가보지 못한 친구에게는 '학점'이라는 단어, '학사주점'이라는 단어 하나만으로도 스스로 초라함이 밀려오는 것을 느끼게 한다. 만인 공통의 가치인 가족애를 언급하는 데서도 상처받는 사람이 있다. 가족에 대한 애틋한 사랑은 건강한 감정이지만 그걸 표명하는 순간 가족 복이 없는 사람, 가족을 사랑할 수 없는 사람, 가족의 사랑을 받지 못한 사람이 있다면 그에게는 고통이 된다. 자랑이 잘난 척이 되면 그때의 자랑은 존중을 갉아먹는다. 배려가 없는 입에서는 감동과 품위의 언어가 나올 수 없다. 겐샤이는 결국 배려다.

한때는 있는 친구나 잘 챙기자, 하는 생각을 했다. 나이 들어서 인연을 확장하는 것이 무슨 소용이 있겠나, 했다. 이제는 친구 관계를 재정비할 때다, 라고 생각했다. 다시 생각해 보니 반은 옳고 반은 옳은 게 아니다. 있는 친구'도' 잘 챙기고 새로운 인연도 만들어야 한다. 오래된 돌담을 보수하듯 친구 관계도 재정비할 필요가 생긴다. 앞에서 말한 선배의 지인은 선배를 통해 인연이 확장된 새로운 친구다. 나이가 나보다 두셋 많지만 선배에게는 깍듯하고 아랫사람에게는 나이 유세를 하지 않는다. 그러니 내가 깍듯이 모셔 마땅한 편안한 친구 아니겠는가.

세월이 흐르면서 친구관계는 어차피 저절로 정비되기 마련이다. 제 삶을 찾아 먼 타국으로 떠나는 친구가 생겨난다. 마음이 지척이면 천 리도 지척이라지만 공간적 거리가 생기면 더불어 멀어지는 마음을 붙잡기 어려운 게 현실이다. 아예 세상을 등지는 친구도 하나둘 늘어난다. 그럴 때 폭풍우가 몰아치는 밤바다처럼 마음이 격동하다가도 친구를 잃은 상심은 어느새 다음날이면 잔잔해지는 바다를 닮아간다. 인연의 시간이 다하여 곁에서 멀어지는 친구도 있다. 내 스스로 밀어내는 것은 아니로되 그나마 악연으로 오염되지 않은 것을 감사하며 친구의 행운을 빌어줄 때가 있다. 몸의 거동이 자유롭지 못해서, 건강상의 이유로 운동이나 만남을 함께 할 수 없어서, 있어도 없는 것이나 마찬가지인 친구는 마음으로나 그리워할 수밖에 없다. 점점 소조해지면서 그는 자연스럽게 앨범 속의 옛 친구로만 남게 된다.

그렇게 하여 친숙한 얼굴들은 시간이 흐를수록 줄어들게 되어 있다. 오래 산다는 것은 친구를 잃어버린다는 말과 같다. 내 곁에서 친구들이 하나둘 떨어져 가는 현상을 두고 철학자 한나 아렌트Hannah Arendt는 세계의 '낙엽 현상', '벌채 현상'에 빗대었다. 심지어 '세계가 낯선 얼굴들이 살고 있는 사막으로 바뀌었다'고 쓸쓸해했다. 한때 나이가 한참이나 선배였던 직장 동료가 있었다. 가족끼리도 가까이 지내며 의지했던 형님이자 친구였다. 그가 지병으로 세상을 떠났을 때 고인의 형이 말했다. 이제부터는 세상에 없는 동생 대신 자기하고 친구가 되자고 했다. 동생을 대신하여 이어진 그 형님과의 만남은 낙엽 진 자리에 움튼 새잎이었으며 위안이었다. 벌채한 야산에 새로 심은 한 그루 나무였다. 그러나 그 형도 이제는 고인이 되었다. 친구는 시간을 통하여 정비되고 세계는 시간 속에서 조금씩 축소되어 간다.

우정은 명사가 아니라 동사라는 사실을 깨달을 때마다 내 정신의 영토에 자리 잡은 친구의 위치를 확인해 본다. 친구는 인생이 깜깜할 때 찾는 출구이기도 하지만 세상의 가시철망을 함께 넘어가는 덩굴장미다. 덩굴장미처럼 어우렁더우렁 어울려 가며 더불어 웃는 생의 도반이다. 그래서 생활 반경이 가까운 데 있는 친구라면 자주 만나는 것이 필요하다. '낙엽'이 지기 전에, 만날 수 있을 때, 가까이 있을 때, 하루라도 더 '모셔' 어울려야 한다.

평생 공부만 하고 책을 짓느라 머리가 하얗게 셌을 것 같은 다산 선생도 친구를 만나는 일에는 시간을 아끼지 않았다. 좋은 친구는 한 권의 책보다 더 높고 깊은 지혜를 깨우친다는 것을 알고 있기 때문이었을 것이다. 다산은 「죽란시사첩竹欄詩社帖」 서문에 다음과 같이 적었다.

> 살구꽃이 처음 피면 한 번 모이고, 복숭아꽃이 처음 피면 한 번 모이고, 한여름에 참외가 익으면 한 번 모이고, 초가을 서늘할 때 서지西池에서 연꽃 구경을 위해 한 번 모이고, 국화가 피면 한 번 모이고, 겨울철 큰 눈이 내리면 한 번 모이고, 세모歲暮에 화분에 심은 매화가 피면 한 번 모인다. ……아들을 낳은 사람이 있으면 한턱 내고, 고을살이를 나가는 사람이 있으면 한턱 내고, 품계가 승진된 사람이 있으면 한턱 내고, 자제 중에 과거에 급제한 사람이 있으면 한턱 낸다.

다산은 친구들과 이렇게 놀았다. 그냥 논 게 아니라 인생과 시를 놀았을 터였다. "모일 때마다 술과 안주, 붓과 벼루를 준비해서 술을 마셔가며 시가詩歌를 읊조릴 수 있도록 해야 한다"는 규약을 정하고 다산의 나이를 기준으로 위아래 네 살까지 여덟 살의 허용치를 두었다. '죽란시사'는 요즘으로 치면 문학동인회 같은 것이었는데, "모임을 만들어 즐겁게 지내며, 태평한 시대를 더욱 아름답게 하"자는 취지를 가지고 있었다. 한참 웃어른이던 번옹 채제공이 이 모임에 관한 이야기를 듣고 "나는 젊었을 때 어찌하여 이런 모임을 만들지 못했던고?"라며 탄식했다는 내용을 이 글의 끄트머리에 함께 적어 부러움을 드러내고 있다.

  동백꽃 분재에서 꽃이 피었다고 만나고, 이화에 월백하니 또 만나면 좀 좋은가. 황혼의 바닷가에 윤슬을 맞으러 같이 나가고, 친구 집에 모과술 익었다는, 화살나무 단풍물 곱게 들었다는 핑계 만들어 만나면 또 어떤가. '10월의 마지막 밤'을 혼자 보낼 수 없어서 친구를 부른다면 이 또한 나이 듦의 특권 아니겠는가. 가만히 앉아서 기다리지 말고 나가서 맞아야 하고 그가 나를 부르는 초대장에는 답신을 보내야 한다. 유붕이 자원방래有朋自遠方來하니 불역낙호不亦樂乎아? 좋은 친구라면 '낙엽'이 되기 전에 한 번 더 만나는 것이 중요하다. 얼마 지나지 않아 친구의 숲은 사막으로 변할지 모른다.

  이 시대의 지성이라 불리던 문학평론가 이어령은 세상을 떠나기 전 자신을 실패한 인생으로 규정했다. 그는 평생 책을 읽고 글을 쓰며 강연을 하고 호기심의 우물을 파느라고 친구를 만날 겨를이 없었다. 고향을 챙기는 것은 물론 관혼상제 인사치레에도 관심을 둘 수 없었다. 자기 분야에서 높은 성취를 이룬 만큼 늘 바빴다. 작가의 대화록 『이어령의 마지막 수업』에서는 이렇게 말한다. "혼자서 나의 그림자만 보고서 달려왔던 삶이다. 동행자 없이 숨 가쁘게 여기까지 달려왔다. 더러는 동행자가 있다고 생각했지만, 나중에 보니 경쟁자였다." 그는 살면서 많은 것을 누렸으나 친구나 주변과 더불어 누리는 즐거움은 없었다. 다르게 살아왔으니 외로울 수밖에 없었다.

아테네의 철학자 에피쿠로스는 기원전에 벌써 친구와 어울려 지내는 것이 인생의 가장 큰 즐거움이라는 것을 깨달았다. 그래서 이런 말을 들려주고 있다. "인간이 지혜로써 얻을 수 있는, 평생 행복하게 살게 해주는 것들 중에서 가장 중요한 것은 우정을 나눌 친구들이다." 친구들과 만나 차 한잔, 술 한잔, 밥 한끼 나누는 것이야말로 노년을 즐거움으로 채우는 일이다. 에피쿠로스도 무슨 요리를 먹느냐보다 누구와 함께 식사를 하느냐가 훨씬 중요하다고 생각했다. "무엇을 먹고 마실까를 생각하기에 앞서 누구와 함께 식사를 할 것인지를 신중하게 결정하라. 친구가 없이 식사하는 것은 사자나 늑대처럼 사는 것이나 다를 것이 없다."

우리도 에피쿠로스의 정원에서 식사를 한다. 원래 그의 식탁에는 신분도, 남녀도 차별이 없었다. 학자들과 여자와 노예가 한자리에 앉았고, 심지어는 창녀도 자리를 차지했다. 많은 사람이 에피쿠로스를 비난했지만 한편으로는 그들의 친밀함을 부러워했다. 우리도 알맞게 자리 잡은 돌담 아래 둘러앉아 영혼의 자양분을 나누고 먹을 것을 나눈다. 우리는 혼자 먹는 사자가 아니다. 그가 나를 좋아하고 내가 그를 좋아하는, 그래서 우리는 친구다. 나는 그에게서 이해를 얻고 그는 나에게서 인정을 얻는다. 그에게는 내가, 나에게는 그가 특권을 누려도 좋은, 우리는 의로운 형제다.

가깝고도 먼 혈육
◇◇◇
사촌

어릴 때 사촌은 매우 가까운 혈육이었다. 할아버지가 집안의 어른으로 중심을 잡던 때였으니 우리는 모두 같은 할아버지를 공유하는 손자, 손녀로서 동등한 자격을 나눠 가졌다. 형제를 만든 것은 아버지지만, 사촌을 만든 것은 아버지의 아버지 아니던가. 사촌 형제들은 할아버지를 정점으로 모이고 흩어졌다. 가끔씩 아옹다옹하기는 했지만, 같은 핏줄로서의 동질감을 수시로 의식화하는 사이였다. 이웃에 사는 사촌들끼리는 아쉬울 때마다 서로 어울려 울타리가 되어주기도 했다. 동성동본만 돼도 남이 아니니 유대감으로 똘똘 뭉쳐야 한다고 믿었다. 혈통에 대한 충성과 혈족관계에 대한 전통적인 애착이 그만큼 끈끈했던 것이다. 다산 선생이 아들에게 남긴 편지에서도 사촌은 단순한 애착관계 이상을 보여주는 가족이다.

> 효제孝悌는 인仁을 행하는 근본이 된다. 그러나 부모를 사랑하고 그 형제끼리 우애하는 사람쯤이야 세상에 많이 있

어 그렇게 치켜세울 만한 행실이 될 수 없다. 큰아버지나 작은아버지가 형제의 아들을 자기 아들처럼 여기고, 형제의 아들들이 큰아버지나 작은아버지를 자기 아버지처럼 여기고, 사촌 형제끼리 서로 사랑하기를 친형제처럼 해서 집에 온 손님이 열흘 넘도록 묵으면서도 끝내 누가 누구의 아버지이고 누가 누구의 아들인지를 알아차리지 못하도록 해야만 겨우 집안의 기상을 떨칠 수 있다.

  사촌끼리 한 집에 열흘을 묵어도 친형제 간인지 사촌 간인지 못 알아볼 정도가 되어야 집안이 선다는 말이다. 그러나 어디 그게 말만큼 쉬운 일이던가. 내 작은아버지는 6남매를 두셨다. 내가 아마 초등학교 3, 4학년 나이는 되었을 즈음일 것이다. 학교가 파하자 학교 앞 시장 입구에서 쌀집을 하던 작은집에 들렀다. 작은엄마든가 작은아버지든가가 껌을 사다 사촌들에게 하나씩 나누어주셨다. 단물이 빠질 때쯤 혀를 동그랗게 밀면서 바람을 불어주면 풍선처럼 방울이 부풀어 오르던 풍선껌이었다. 그 껌이 내게는 배당이 되지 않았다. 그때 나는 다섯 살에 아버지를 여읜 홀어머니 자식이었다. 서운한 얼굴로 작은집 가게를 빠져나왔을 어린아이를 지금 생각해보니 짠하기 짝이 없다. 무의식 안에 갇혀 있던 그때의 민망한 마음이, 아스팔트 틈새로 삐죽이 고개를 내밀고 나타난 민들레처럼 왜 갑자기 튀어나올까.

피장파장이기는 하다. 10여 마리의 닭을 키웠다. '이건 내 닭, 저건 형 닭' 하며 닭에 대한 소유권을 주장할 수 있는 나이 때였다. 한눈을 팔던 사이 엄마가 '내 닭'의 날갯죽지를 묶어 작은엄마에게 건넸다. 닭을 들쳐 안고 휑하니 가버리는 작은엄마를 향해 발을 구르다가 대성통곡을 하고야 말았다. '내 다악-, 내 다악-' 하는 어린것의 악다구니 같은 소리가 작은엄마 귓전을 파고들었을 것이다. 그리고 이어서 "네 이노옴, 형제간에는 우애가 있어야 하는 법이니라." 하는 할아버지의 노염 띤 불호령도 메아리처럼 멀어졌으리라.

우리만큼 우애의 가족 윤리를 강조하던 중국에서도 언행을 일치시키기가 쉽지 않았던 모양이다. 루쉰의 「형제」라는 소설은 가족 윤리 실천의 심리적 빈틈을 날카롭게 파고든다. 평소 우애 있는 형제라고 칭찬이 자자한 형 장페이쥔에게 고민이 생긴다. 자식이 셋이나 되는 동생에게 죽을병이 생긴 것이다. 얼굴에 발진이 생기고 열이 나는 성홍열이라는 병인데 항생제가 없던 시절이라서 치사율이 아주 높았다. 동생의 생사 문제로 초조해하던 형에게 갑자기 새로운 걱정거리가 떠올랐다. 동생이 죽으면 동생 자식들까지 먹여 살려야 하는 데다 가르칠 일까지 생각이 난 것이다. 사촌들 간에 제일 똑똑한 놈은 자기 아들인데 제 자식만 가르친다면 사람들이 자기를 어떻게 볼 것인가. 평소 우애 있던 형제인데 동생이 죽자 제 자식만 챙긴다는 손가락질을 받을 게 뻔하지 않은가. 식은땀까지 흘리며 어찌할 바를 모르던 형에게 왕진 온 의사가 다행히 죽을병은 아니라고 귀띔해 준다. 홍역이라는 것이다. 인간의 이기적 본능의 밑바닥을 앞에 두고 형의 우애가 시험에 든 장면이었다.

  사실 그런 갈등을 한다는 것 자체가 우애를 반증한다. 그나마 존재하던 갈등은 이제 무관심으로 대체되었다. 4촌끼리 얼굴도 보기 힘든 세상이 되었다. 하나의 벌집 안에서 살아가는 꿀벌들은 모두 한 어머니 밑에서 태어난 자식들이다. 형제 관계 아니면 이성동복異性同腹의 관계로, 모계의 핏줄을 나눈 사이다. 그러다가 여왕벌이 죽으면 조직 내의 질서를 유지해주던 모든 관계들은 해체된다. 지금은 할아버지라는 여왕벌이, 또는 아버지라는 여왕벌이 죽은 사회다. 여왕벌 부재에 더해, 산업화가 진행되고 나서 가족들 간의 공간적 분리마저 일어났다. 집안의 교류에 따라 사촌 간의 사이가 달리 보이는 집안이 가끔 있기는 하되, 그건 돌연변이일 뿐이다. 사촌은 경조사 장에서나 존재한다. 수년 만에 만나 족보와 출생 순위를 확인하며 이름을 따져 묻고는 다시 뿔뿔이 흩어져 원위치한다. 한 시인이 이 지점을 통찰했다.

    큰 조카 결혼식에서 오랜만에 본다
    서로 늙어 보여 고소하다가 돌아서서 키득키득 웃는다
    사촌이 논 사면 배 아프다
    아직 깜장머리 그대로인 동생의 뒤통수나 한 대 갈긴다
    오십 넘어 무럭무럭 솟는 용심이라도 있어

빛나게 잘 닦아놓은 차에 발길질을 한다
새로 이사 간 집에 가 고스톱이나 치자고
반질반질 원목마루에 담배 구멍이나 내자고
얼추 합의를 보다가
부엌에 올려놓고 온 냄비 생각이 난 듯
달달달달 급히 시동 걸어 내뺀다
번갯불처럼 만나 헤어지고도 서운하지 않게 된
아버지 어머니의 형제들이 사이좋게 낳아주고 간 사촌들
수십 년 전 그 모습도 아슴한 할아버지 할머니 골격이
얼굴 위로 희미하게 떠오르고 있는 사촌들
다시 만나면 또 이름이 아리송해질 사촌들

— 최영철, 「사촌들」

땅을 남이 사면 상관없다가도 그가 사면 나를 배 아프게 하는 사람, 그가 바로 사촌이다. 남이었지만 가끔씩 나타나 비교대상이 되곤 하는 사람이 사촌이었던 거다. 오랜만에 보니 나처럼 늙어 보여 고소하다가도 "아직 깜장머리 그대로인 동생"을 보면 한 대 쥐어박고 싶어지는 사람이 사촌이다. "빛나게 잘 닦아놓은 차에 발길질을" 하게 만들고, "새로 이사 간 집" "반질반질 원목마루에 담배 구멍이나 내"고 싶게 하는 사람이 사촌이다. 역逆샤덴프로이데!

독일어 '샤덴프로이데Schadenfreude'는 손해, 불행을 뜻하는

'schaden'과 기쁨, 환희를 뜻하는 'freude'가 합쳐진 말로, 우리말 구어체로 번역하면 '꼴좋다', '깨소금 맛이다'가 된다. 타인의 불행은 곧 나의 기쁨이다. 비어스는 『악마의 사전』에서 행복을 "타인의 불행을 바라볼 때 생기는 일종의 안도감"으로 정의하는데, 그때의 행복감이 곧 샤덴프로이데다. 그러나 샤덴프로이데가 모든 타인을 향하는 감정은 아니다. 나와 비교가 가능한 사람에게만 일어나는 감정이다. 그래서 버트런드 러셀도 "거지는 자신보다 많은 수입을 올린 다른 거지들을 시기할망정 백만장자를 시기하진 않는다."고 말했던 거다. 주변에서 더럽게 잘난 척하던 인간이 몰락했을 때, 나를 매정하게 차버린 남자가 다른 여자에게 불쌍하게 차였을 때, '꼴좋다!'며 쾌재를 부른다. 나와 관계있는 타인이 잘못될 때 생기는 마음이니 참 못된 반사회적 감정이다. 내게 언제나 비교대상이던 사촌이 낭패를 겪게 된다면 더더욱 잘코사니다. 그래서 "큰 조카 결혼식에서 오랜만에" 보는 사촌이 늙어 보이는 것만으로도 고소한 기분이 되는 것이다.

그런데 이런 반사회적 감정이 오랜 진화의 과정을 거치면서도 도태되지 않은 이유는 무엇인가. 도태의 원리에 비추어 샤덴프로이데가 불필요한 감정이었다면 진즉에 사라졌어야 옳은데 말이다. 그런데도 아직 남아있다면 뭔가 이유가 있을 것이다. 맹장마저도 존재 이유가 있다지 않는가.

옥시토신의 영향을 생각해 본다. 옥시토신은 '사랑 호르몬', '행복

호르몬'으로 불릴 만큼 사람에게 좋은 영향을 미치는 물질로 알려져 있다. 그런데 이 옥시토신이 시기심을 강화한다는 사실이 밝혀졌다. 시기심이 샤덴프로이데와 불가분의 관계인 것을 생각하면 샤덴프로이데 감정에도 옥시토신이 관여하는 게 아닐까. 타인의 불행이 곧 나의 행복이니까.

사촌이 땅을 사면 배가 아픈 것도 옥시토신을 탓해야 할까. 그렇다고 해서 사랑과 유대의 옥시토신 분비샘을 틀어막아서는 안 될 일이다. 물론 나이가 들면 옥시토신의 분비량은 줄어들게 되어 있다. 화학물질의 지배에서 웬만큼은 자유로워질 수 있게 되는 것이다. 자연에만 맡길 일이 아니라 비교하는 마음을 조금씩 길들이고 제어하고 조절하는 능력도 키워야 한다. 옥시토신의 균형을 잡는 일, 이게 노년의 여유이자 지혜다.

몸 따로, 마음 따로
고향

  이원수가 노랫말을 쓴 「고향의 봄」이 과연 동요인가 하는 의문이 들 때가 있다. 사전은 '어린아이들의 감정이나 생각을 담아서 표현한 문학 장르의 하나, 또는 거기에 곡을 붙여 부르는 노래'가 동요라고 정의한다.

  「고향의 봄」은 열네 살 소년 이원수가 1926년 《어린이》라는 잡지에 발표한 동시인데, 홍난파가 1929년도에 곡을 붙여 널리 불리게 된 노래다. 지금은 교과서에서 사라졌지만 어린 시절에 모두가 배웠던 노래고, 일본의 초등 4학년이 쓰는 일부 음악 교과서에도 실려 있는 노래다. 의심의 여지 없이 동요가 맞다. 그런데도 여전히 의문이 남는다. "나의 살던 고향은 꽃피는 산골/복숭아꽃 살구꽃 아기 진달래/울긋불긋 꽃대궐 차리인 동네/그 속에서 놀던 때가 그립습니다."

  '그 속에서 놀던 때가 그립'다는 고향에 대한 그리움은 열네 살 소년의 정서라기에는 얼른 납득이 가지 않는다. 이 노래를 어린 시절 불렀다니 과연 가사에서 우리가 어떤 절절함을 느끼기는 했을까. 향수와 추억을 불러일으킨다는 점에서 차라리 성인용 동요라고 하는 것이 옳을 것 같다. 고향에 관한 동요는 노년의 나이가 된 지금쯤 불러야 맛깔이 느껴지는 것이 사실이다.

젊은 시절 사느라고 바빠서 뒤를 돌아볼 틈이 없던 사람도 일에서 조금씩 멀어지면서는 지난 시절을 떠올려보게 된다. 나이가 들게 되니 향수를 느끼는 때가 많아지는 것이다. '그 속에서 놀던 때'는 열네 살짜리 소년의 추억이 아니라 산전수전을 겪어온 노년만이 바라볼 수 있는 풍경화 한 폭이다.

물론 나이에 상관없이 인간의 무의식 안에는 근원적 향수라는 것이 있을 수 있다. 학습된 것이 아니라 어머니의 자궁으로부터 유전되어 온 심리적 근원에 대한 지향 같은 것이다. 그렇지 않고서야 어떻게 「고향의 봄」이 어린이의 입에 짝짝 달라붙을 수 있었단 말인가. 연어가 모천으로 회귀하는 것은 누가 가르쳐서 되는 것이 아니듯 사람에게도 그런 본능적 귀소의식이 없다고 할 수 없다. 그 본능이 동심 속에서 살살 파닥이다가 청년기, 성인기에 이르면 사는 일에 밀려서 잠시 억압 상태가 된다. 그러다가 에너지가 줄고 젊음이라는 아이스크림이 녹아가는 나이가 되면 봉인되었던 본능이 풀리고 풋풋했던 원풍경이 하나둘 떠오르는 것이다. TV 프로그램 〈나는 자연인이다〉의 주 시청자층이 중장년 이상의 남성인 것은 그런 연유에 기반한다.

50대로 이루어진 한 직장인 모임에서 고향 풍경을 그려보자고 했다. 그랬더니 대부분 멀리 산으로 둘러싸인 마을을 그리고 마을 어귀 빈터에 우람하게 솟은 느티나무를 그리더라는 것이다. 거기 구성원들의 고향은 아마 제각각이었을 것이다. 그런데도 멀리 산으로 둘러싸인 마을과 동구 앞 느티나무를 그렸다면 누구에게나 보편적으로 각인된 고향의 이미지가 있다는 뜻일 게다. 내 마음속에 박혀 있는 고향의 풍경도 거기서 크게 벗어나지 않는다. 초가지붕이 있고 굴뚝에는 뽀얀 연기가 뭉글뭉글 솟아나는 그런 풍경이다. 그때는 생솔가지를 꺾어다 겨울 땔감으로 썼다. 끈적한 송진이 묻어나는 것이 싫었겠지만 어머니는 새벽마다 고개가 꺾일 만큼 생솔가지 다발을 머리에 이어 날랐다. 진한 송진 냄새와 타닥거리는 소리가 섞여 올라오던 자욱한 연기의 공감각을 잊지 못한다.

　그때는 눈물을 짜내게 하던 매캐한 연기가 싫었다. 밖에서 세수하고 들어올 때 어린 손에 들러붙던 방 문고리의 차가운 감촉도 불쾌했다. 문풍지 우는 소리가 방안의 한기와 어우러질 때는 신경세포가 오그라드는 느낌까지 들었다. 아무도 밟지 않은 새벽 눈길에 첫 발자국을 내며 걷던 긴 등굣길의 추위도 지긋지긋했다. 한밤중에 일어나 측간 가는 길에 들리던 소쩍새 목울음 소리에는 솜털조차 빳빳이 일어서는 무서움에 몸을 떨었다. 그런데 언젠가부터 고향이라는 단어가 따듯해지기 시작한 것이다. 오랫동안 온기가 느껴지지 않던 방구들에 장작불이 지펴진 듯 고향 바닷가의 갯내음에도 마음이

데워지는 것이었다. 어릴 때의 삶이 허기지고 차가웠을지라도 고향은 이제 애잔한 그리움이 되어 등대의 불처럼 깜박이며 손짓을 하는 것이다.

  적금을 타 주택자금이 마련되면, 을랑이 엄마
  내다 버린 생각들을 다시 챙겨
  메추리가 뒤란으로 기어드는 산골마을
  곱게 널린 노을 아래로 돌아가자.
  가서, 솔가지 지펴 저녁연기를 올리며 살자.
  집 둘레엔 듬성듬성 탱자나무를 심어 울을 치고
  빨래가 재주 넘어올 나일론 줄도 달아보지 않으련?
  겨울잠 자는 농구農具들을 깨워 새로 모아놓고
  묵은 화로는 닦아서 환한 얼굴을 불러내야겠지?
  밤이면 흔들리는 불빛 아래 새끼줄같이 긴 詩를 쓰면서
  달빛 분주히 쫓겨가는 새벽녘이면 제일 먼저 일어나
  냇가 풀숲에다 염소를 끌어다 놔야겠지?
  눈 감으면 언제라도 맑은 하늘이 숨 쉬는 고향의 개울가
  버들강아지 푸른 혈이 다시 돌고 울타리의 탱자꽃이
  하얀 리본처럼 피어날 때, 을랑이 엄마
  그대는 해랑이를 업고 텃밭으로 나가고
  나는 마을 언덕의 굽은 등을 타고 앉아 을랑이에게

저 검은 들녘을 기어가는 논두렁의 역사歷史를
낱낱이 손가락으로 가리키며 함께 봄을 일구어 보자.

— 김영남, 「초향草鄉」

　이 시가 그리고 있는 고향은 얼마나 간절한 꿈의 풍경인가. 제목으로 삼은 '초향草鄉'은 사전에도 올라 있지 않은 말이니 마음속에나 있는 장소일 거고, '풀 초草'자를 썼으니 아마도 '풀냄새 싱그러운 마을' 정도의 뜻일 게다. 「초향草鄉」은 고향을 떠나 살고 있는 장삼이사들의 귀소 소망을 낭만적으로 표현한 작품이다.
　하지만 1, 2행은 벌써 화자가 처한 현실을 상기시킨다. 소망이 실현되기 위해서는 "적금을 타 주택자금이 마련되면"이라는 전제가 충족되어야 한다. 돈이 모이면…, 애들 학교 졸업하면…, 걸리적거리는 것들 다 정리하면……. 그래서 지금은 아등바등하며 적금을 쪼개 붓고 하루하루를 노심초사해야 하는 처지일 것이다. 그러느라 당장 고향으로 달려가 살겠다는 생각은 내다 버린 지 오래다. "내다 버린 생각들을 다시 챙겨" 귀향길에 오르려면 그때가 언제가 될지 가늠하기 어렵다. 우리는 이렇게 몸 따로 마음 따로의 이중 조건에 속박되어 있다. "눈 감으면 언제라도 맑은 하늘이 숨 쉬는 고향의 개울가"나 "울타리의 탱자꽃"을 꺼내 보는 것으로 꿈의 풍경을 어루만질 뿐이다.
　나이가 들어도 삶이 시릴 때가 있다. 그럴 때 마음 둘 곳 하나쯤을 꺼내 볼 수 있는 것만으로도 고향은 위안이 된다. 고향은 첫 감각을 심어준 곳이다. 초가집 처마를 타고 주룩주룩 흐르던 빗소리, 마당에 펼친 멍석 옆에서 타오르던 모깃불 쑥 연기, 아랫논 물꼬에서 고무신에 잡아 담은 송사리들의 오종종한 유영. 조류가 처음 본 대상을 어머니로 인식하듯 고향은 우리에게 또 하나의 그리운 어머니가 된다. 어머니를 찾아가는 것처럼 우리는 고향을 찾아간다. 등대를 따라, 등대의 손짓을 따라, 고향에 가서 첫 감각이었던 마음의 원재료를 되새기면서 안식을 느끼는 것이다. 그래서 고향은 케렌시아가 된다.

케렌시아Querencia. 투우 마니아로 알려진 헤밍웨이의『오후의 죽음』을 읽다가 발견한 개념이다. 본디는 '애정, 애착, 귀소 본능, 안식처' 등을 뜻하는 스페인 말이라 한다. 헤밍웨이가 전하는 투우 경기에서는 투우사와의 싸움 중에 소가 잠시 숨을 고르면서 기운을 회복하는 곳을 가리킨다. "그곳에서 소는 인간이 꺾을 수 없는 막강한 힘을 갖는다"고 말한다. 케렌시아는 소에게 회복과 충전의 장소인 셈이다. 투우사의 공격으로부터 자신이 안전하다고 느끼는 곳, 찔리고 찢긴 곳에 스스로 마음의 붕대를 감싸는 곳, 힘들고 지쳤을 때 원시의 기운을 얻는 곳이다.

사실 누구나를 막론하고 노년의 자리는 거저 얻어지는 것이 아니다. 노년에 이르기까지의 삶은 소가 투우사와 맞붙어 싸우는 투우 경기와 같은지도 모른다. 투우 경기는 소와 투우사가 1대 1로 대결하는 것이 아니다. 피카도르, 반데리예로, 마타도르라 불리는 프로 투우사들이 차례로 등장하고, 여기에 맞서 한 번도 사람과 싸워 본 경험이 없는 소만 링 위에 오를 수 있다. 우리 인생도 한 번도 경험하거나 연습 경기를 해 보지 않은 채 링 위에 올라와 있다. 그래서 우리 인생은 언제나 서툴고 낯설다. 채이고 넘어지고 지치고 상처 나기 일쑤다. 인생은 고해라거나 '꽃길이 십리면, 가시밭길이 백리'라는 말이 생기는 이유다. 그 가시밭길에서 우리는 만신창이가 되곤 한다.

『오디세이』는 그리스 영웅 오디세우스가 트로이를 무너뜨린 뒤 고향인 이타카섬으로 돌아오는 귀향의 여정을 그린 대서사시이다. 오디세우스는 20년 만의 귀향길에서 수많은 역경과 고난, 죽음의 위기를 겪는다. 연어도 모천으로 돌아가기 위해서는 물살을 거스르고 포식자를 피하면서 상류로 고달픈 여행을 해야 한다. 어떤 것은 1,000㎞가 훌쩍 넘는 일대 서사의 과정을 거치기도 한다.

오디세우스에게도 삶은 고해의 연속이었다. 꽃길은 잠시였고 가시밭길은 길었다. 험난하다고 우리가 인생을 멈출 수 없는 것처럼 그도 멀고 긴 항해를 포기할 수 없었다. 그에게 고향 이타카는 작은 바위섬에 불과했지만 사랑스러운 아내 페넬로페가 기다리고 있는 곳이었기 때문이다. 저자인 호메로스는 종종 이타카를 '잘 보이는 곳'이라고 불렀다. 20년 동안이나 마음에 담아 두고 있었기에 이타카는 과연 눈을 감아도 '잘 보이는 곳'이었을 것이다. 우리도 언제나 마음의 등대인 고향을 떠올리며 길을 찾고 지도를 그린다. 하지만 고향에 돌아가 안착하기에는 실로 만만치 않은 현실이 우리를 가로막고 있다. 고향은 눈에 '잘 보이는 곳'으로만 남아 있을 뿐이다.

물보다 진하다는 피
족보

한국학중앙연구원에서 운영하는 한국 역대인물 종합정보시스템에 따르면, 조선시대 문과 급제자 수는 전주 이씨 868명, 안동 권씨 366명, 파평 윤씨 346명(함안/남원 윤씨를 포함하면 424명)이다.

그럼 나는 자부심을 가져야 할까. 인구 비례까지 고려하면 조선시대 문과 급제자를 가장 많이 배출한 명문가 파평 윤씨 34세손이니까 말이다. 어릴 때 할아버지가 불쑥불쑥 말씀하시던바, 윤관 장군의 자랑스런 후예이고, 조선시대 왕비를 네 명이나 배출하여 다섯 명의 임금을 탄생시킨 왕가 혈통의 산실이다. 그러나 그렇다고 해도 내가 실제 아는 직계는 할아버지, 아버지뿐이다. 1884년생 할아버지는 평생 글이나 읽으면서 동네 훈장 노릇으로 생애를 보내셨고, 1917년생 아버지는 학교는 문턱에도 가보지 못한 채 할아버지 밑에서 한문을 배워야 했다. 명문가의 후예라기에는 자부심 빼고는 내세울 건덕지가 별로 생각나지 않는다.

아직도 가문·족보를 목숨처럼 소중히 여기는 사람이 있다면 기겹할 얘기지만, 가문의 자부심이라는 것도 열등감을 상쇄하는 심리적 위안 이상의 실제적 효과는 없어 보인다. 가문의 영광에 기대 살고 있지 않으니, 그것이 후손인 내 삶에 어떤 영향을 미칠 리가 없다고 생각하는 것이다. 반대로 당나라 측천무후에 비견되는 여성 권력자로, 조정을 패권 다툼의 소용돌이로 몰아갔던 악후 문정왕후 윤씨에 대해서도 나는 별다른 소회가 없다. 단지 역사 속의 인물일 뿐이라는 생각 그 이상도 이하도 아니다. 가문의 명예를 내세우지 않았으니 불명예를 끌어안을 이유 또한 내게는 없는 것이다.

김삿갓의 시 중에 「욕윤가촌辱尹家村」이라는 시가 있다. 이 시가 말하는 윤가의 본관까지야 알 수 없지만 어쨌든 윤가 집성 마을(윤가촌)을 능욕하는 시다. '윤 씨'도 아니고 '윤가'라 했다. 자신을 야박하게 대접한 행태에 마음이 많이 상했던 모양이다.

    東林山下春草綠[동림산하 춘초록]
    동림산 아래에 봄풀은 푸른데
    大丑小丑揮長尾[대축소축 휘장미]
    큰 소 작은 소가 긴 꼬리 흔드네.
    五月端陽愁裡過[오월단양 수리과]
    5월 단오를 근심 속에 보냈는데
    八月秋夕亦可畏[팔월추석 역가외]
    8월 추석은 어찌 넘길지 걱정스럽군.

단오와 추석 명절에도 잡아먹히지 않고 살아남아야 하는 소의 운명을 걱정해주는 척하지만 제목에 이미 욕이나 실컷 해주자는 의도를 빤히 드러내고 있다. 소 축丑자에 꼬리를 붙이면 윤尹자가 되니, 큰 소, 작은 소 할 것 없이 꼬리나 흔들어대는 윤가들을 싸잡아 조롱하고 매도한 것이다. 이쯤 되면 윤가인 나는 자존심이 상하거나 조상의 사나운 인심을 부끄러워해야 했다. 그러나 나는 아무렇지도 않다. 그들 윤가는 윤가인 나에게 그냥 타자일 뿐이다.

대윤-소윤으로 갈라선 파평 윤씨 집안의 피 터지는 싸움, 거기다 소윤인 윤원형에게는 형제의 의리마저 없었다. 그러고서 집안이니 문중이니 따지고 있다면 가소로운 일이다. 그러나 어디 이게 윤씨네 집안만의 일이겠는가. 피가 물보다 진하다고 하지만 그건 자기에게 필요할 때 쓰는 레토릭일 뿐 이해관계 앞에서는 남만도 못한 악연이기 일쑤다.

사실이 이런데도 문중 파워는 지금도 여전히 유효하다. 언론학자 강준만은 "이념에 철두철미한 공산주의자마저도 족보 앞에선 흐물흐물해진다"고 말한다. "나라 망하는 건 팔짱 끼고 구경하다가도 문중을 건드리면 목숨 걸고 총궐기하곤 했다"고도 말한다. 문중은 누구도 비판하지 못하는 성역이고, 금기지대인 것이 현실이다.

김동리의 소설 중에 「화랑의 후예」를 기억하는 사람이 있을 것이다. 가문의 명예를 목숨처럼 여기는 '황 진사'를 통해 몰락한 양반의 후예가 지닌 정신적 자만의 허구성을 드러내는 소설이다. 당장 오늘 하루치의 끼니도 해결하지 못하면서 '화랑의 후예'니 '명문가의 후손'이니 하는 외피에 집착하는 황 진사의 시대착오적 가치관은 주인공의 숙모가 황진사의 혼인을 주선하는 장면에서 절정을 이룬다.

> 그의 얼굴에 희색이 넘침을 보신 숙모님은, 돈이 없어도 장가를 들 수 있다는 것과 장가만 들게 되면 깨끗한 의복에 좋은 음식도 먹을 수 있으리라 하는 것을 일러 주신즉, "아, 그럼야 여북 좋갔수? 규수 나이 몇 살이고……? 집안도 이름 있구……?" 그는 연방 입이 벌어져 침을 흘리며 두 눈에 난데없는 광채를 띠고 숙모님께로 대드는 판이었다.
> "과부래야 이름이 아깝지, 뭐. 이제 나이 삼십도 다 못 된 걸……" 숙모님도 신명이 나는 모양으로 이렇게 자랑 삼아 말한즉, 황 진사는 낯빛이 확 변하며, "아 규, 규수가, 시방 말씀한 그 규수가 과, 과, 과부란 말씀유?" 이렇게 물었다.
> "왜 그류?" 한순간, 침묵이 흘렀다. 황 진사의 닫힌 입 가장자리에 미미한 경련이 일어나며, 힘없이 두 무르팍 위에 놓인 그의 두 손은 불불불 떨리고 있었다. 벽에 걸린 시계 소리가 '뚝딱뚝딱'하고 들리었다. 그는 조용히 고개질부터 좌우로 돌렸다.

"당찮은 말씀유⋯⋯. 흥, 과, 과부라니 당치 않은 말씀을⋯⋯." 그는 곧 호령이라도 내릴 듯이 누렇게 부은 두 볼이 꿈적꿈적하며 노기 띤 눈을 부라리곤 하더니, 엄숙한 목소리로 "황후암黃厚庵 육대 종손이유." 하고 다시, "황후암 육대 손이 그래 남의 가문에 출가했던 여자한테 장갈 들다니 당하기나 한 소리요⋯⋯? 선생도 너무나 과도한 말씀이유." 그는 분함을 누르느라고 목소리에 강한 굴곡이 울리었고, 낯에는 비통한 오뇌의 경련이 일어나 있었다.

조상이라는 울타리 안에서 명예를 상속받았다고 생각하는 것은 비단 소설 속 주인공에게만 해당하지 않는다. 백범 김구는 천생 '상놈'으로 태어나 양반들로부터 수모와 핍박을 받으며 살아야 했다. 항상 '상놈'의 편에 심정적 호흡을 맞추었던 그가 나중에 자신이 양반, 그것도 보통 양반이 아니라 신라 경순왕의 후손이라는 걸 알고 나서는 문중에 대한 신봉자로 나서게 된다. 해방 후 귀국해서 경순왕릉을 참배했고, 이후 자신의 가계와 관련된 모든 기록에서 자신이 '경순왕의 후손'임을 강조했다. 경순왕의 공과는 차치하고라도 천년이나 지난 때에 와서 경순왕의 후손이라는 게 얼마나 의미 있는 자부였을까.

경순왕과 백범 사이의 유전자 관계를 한 번 따져보자. 1000년 전의 임금이니 넉넉하게 보아 30년을 한 세대로 잡으면 약 33대 조상이 되는 셈이다. 김구 선생의 유전자 안에는 $1/2^{33}$의 경순왕 유전자가 보존되고 있다는 이야기다. 계산하면 8,589,934,592분의 1, 약 85억만 분의 1 만큼의 경순왕 유전자를 가지고 있는 것이다. 이게 무슨 의미가 있느냐는 거다.

사실 8촌 이상으로 넘어가면 생물학적 근친성은 의미가 없다는 게 유전학자들의 일반적인 견해다. 8촌끼리는 할아버지의 핏줄로부터 유전자의 $1/2^4$(1/16)만큼씩만 공유하는 관계이니 그 이상으로 넘어가면 더욱 서로 의미가 없는 사이가 된다는 뜻이다.

자연선택에 관한 이런 이야기가 있다. 만약 조건(나이, 건강, 경제력 등)이 비슷한 상황에서 친척을 도우려 할 때 자신에게 손해가 발생한다고 치자. 그때도 친척에게 도움을 줄 수 있는가. 자신이 준 도움으로 친척이 얻게 될 이득에 그 친척과 자신과의 혈연계수($1/2^n$)를 곱한 값보다 자신이 감수해야 할 손실이 적을 때만 도움을 줄 수 있다. 이것이 생존과 번식에 관한 유전자의 논리다.

영국의 생물학자 홀데인 J. B. S. Haldane이 형제를 위해 기꺼이 목숨을 바칠 수 있는가라는 질문을 받았다. 그는 그럴 수 없다고 대답했다. "형제 한 명이라면 싫다. 하지만 형제 두 명을 위해서라면 죽을 수도 있겠지. 아니면 사촌 여덟 명을 위해서라거나." 홀데인의 경우는 다소 과격하게 들리지만 결국 먼 친척을 위해 희생을 감수할 이유가 없다는 게 유전자 법칙의 원리이다. 차라리 멀리 있는 사촌보다 가까운 이웃이 내게 유익한 것이 현실이다. 먼 친척이 상호호

혜적인 남만 못하다.

　백번 양보해서 유전적 관련성을 존중한다 해도 족보상의 혈통이 정상적으로 유지되고 있는가 하는 복잡한 문제가 또 따라온다. 과연 족보는 믿을 만한가. 우리나라 사람은 족보의 90% 이상은 가짜 족보라는 인식을 가지고 있으며 자기 족보만은 진짜라고 생각한다는 통계가 있다.

　사실 집안마다 족보는 다 가지고 있고, 족보상 양반이 아닌 집안은 없다. 족보는 17세기만 해도 극소수 양반만의 특권적 표지였는데 18세기에 접어들어 하층민의 신분 상승 움직임이 활발해지면서 그 수요가 폭증하기 시작했다는 게 보학자譜學者들의 견해다. 역사학자 이덕일이 이런 견해를 구체적으로 뒷받침해준다. 1690년(숙종)에 경상 지역에는 양반이 9.2%, 양민이 53.7%, 노비가 37.1%였다. 약 100년 뒤인 1783년(정조)에는 양반이 37.5%, 양민이 57.5%, 노비가 5.0%였다. 그로부터 70년 뒤인 1858년(철종)에는 양반이 70.3%로 늘어났고, 양민은 28.2%, 노비는 1.5%로 줄어들었다. 조선 말기에 이르면 양반이 80~90%가 되었다고 한다. 조선 정조 연간에 지어진 박지원의 소설「양반전」에 양반을 사고파는 사회상이 희화화되고 있는 것만 보아도 당시 세태를 충분히 짐작할 정도다.

　신분이 바뀌고 족보가 새로 제작되는 과정에서 조상 갈아타기는 예삿일이 될 수밖에 없었다. 아버지를 바꾸고 할아버지를 갈아치우는 환부역조換父易祖 행위가 횡행했다. 후사後嗣가 없는 집안에 후손으로 연접하거나 한 세대를 더 끼워 넣는 등의 첨간添刊 방법이 이용되기도 했다. 거기다 우리나라는 빈번한 외침과 전쟁 등으로 족보와 호적이 상당수 유실되었기 때문에 현재의 족보는 그 내력의 신빙성에 의심을 보내지 않을 수가 없다. 족보는 국가가 관리하는 공적 자료가 아니라 문중 차원의 사적 자료에 불과하다는 점을 감안하면 더욱 그렇다. 생각해 보자. 김해 김씨가 440만, 밀양 박씨가 310만, 전주 이씨가 260만, 경주 김씨가 180만, 이 사람들을 전부 합치면 1,200만이 넘는데, 이들이 다 왕족의 혈통이라면 믿을 만한가. 그것도 남자들로만 이루어진 부계 혈통 계보에서 그렇다는 말이다.

> 내 성은 오씨吳氏. 어째서 오가인지 나는 모른다. 가급적으로 알리워 주는 것은 해주로 이사 온 일청인一淸人이 조상이라는 가계보의 검은 먹글씨. 옛날은 대국 숭배大國崇拜를 유심히는 하고 싶어서, 우리 할아버니는 진실 이가였는지 상놈이었는지 알 수도 없다. 똑똑한 사람들은 항상 가계보를 창작하였고 매매하였다. 나는 역사를, 내 성을 믿지 않아도 좋다. 해변 가으로 밀려온 소라 속처럼 나도 껍데기가 무척은 무거웁구나. 수퉁하구나. 이기적인, 너무나 이기적인 애욕을 잊을랴며는 나는 성씨보가 필요치 않다. 성씨보와 같은 관습이 필요치 않다.
>
> — 오장환, 「성씨보姓氏譜」

일찍이 1930년대의 시인 오장환 눈에도 족보는 '수퉁'한 것으로 비쳤던 모양이다. "가계보를 창작하였고 매매하였"다는 사실만으로 족보의 권위와 혈통적 신빙성은 더 이상 존재할 수 없게 된다. 핏줄이라는 신화의 원산지에 근원적 물음표를 던지고 "어째서 오가인지 나는 모른다"고 의혹의 불을 켜는 데서 한 발짝 더 나가 그것이 수퉁하다고, 흉하고 볼품이 없다고 허위성을 짚어낸다. 이쯤 되면 시인의 자기부인은 당시 사회에서는 조상도 모르는 탕아의 분탕질쯤으로 폄훼되었을지도 모르겠다. 1909년 민적법이 만들어지면서 조선인이라면 모두가 성씨와 본관을 갖게 되었고 일제 강점의 분위기 때문에라도 뿌리에 대한 애착이 고조될 수밖에 없었으니까.

30년대의 분위기와 정서 속에서 족보에 대한 의심과 자기부정을 표백하는 일은 무서운 양심고백일 수 있다. 결단이 필요한 일이었다. 내 어릴 때 기억만으로 해도 '보학譜學 커뮤니케이션'이랄 수 있는 양반들의 대화 방식이 있었다. 자기 족보는 말할 것도 없고 상대방의 족보까지 훤히 꿰뚫어내는 능력이 유식의 척도였다. 자네의 5대조께서는 무슨 무슨 일을 하셨고, 8대조 어른께서는 됨됨이가 어떠어떠하셔서 신망이 두터웠다는 둥, 남의 집안 사정을 두루 꿰고 있어야 했다. 통성명을 하는 자리에서도 본관에 관한 보학 지식을 총동원하여 서로의 뿌리 찾기에 나서곤 했다. 이런 정신문화 자체를 '수퉁'한 것으로 치부하고 시인은 "나는 성씨보가 필요치 않다"고 선언했다.

과장이나 과시가 자신의 허전함을 방증할 때가 있다. 문중 묘를 성지처럼 장식하거나 거창하게 제사의식을 거행하는 데서 나는 과시의 무의식을 읽는다. 족보도 그렇다. 뿌리 찾기를 통한 자기 증명을 탓할 수는 없을 것이다. 그러나 족보의 위엄과 그에 대한 맹목의 신뢰는 진정한 자존이 아니라고 본다. 오히려 과거에 의탁하여 자신의 주변성과 지위 불안을 해소해 보려는 과민 반응이 아닐까 생각해 보는 것이다.

약자의 열등감이 과시를 만든다는 말은 대개는 옳다. 날카로운 이빨이 없는 존재는 조상의 이빨이 얼마나 날카롭고 강했는지 떠올리며 자기를 보호하려 하고, 그 과정에서 조상은 실제보다 더 영광스럽게 부활하게 된다. 어떤 유대인은 독일인보다 더 철저한 '독일인'이 되는 방식으로 뿌리 깊은 열등감의 상처를 덮으려 했다. 집안마다 자신의 족보를 영광스럽게 재구성하여 이를 과시하는 것은 양반보다 더 철저한 '양반'이 되고자 하는 열등감의 표현은 아닐까. 그런 점에서 족보는 생물학적 계보를 나타내는 기록이 아니라 사회심리적 메커니즘을 구현하려는 허구적 신화에 불과한 것이다.

내가 너를 어떻게 키웠는데
자식

　영국의 조각가인 헨리 무어의 〈가족〉(1948)은 핏줄의 자연스런 계보학을 청동의 입체 안에 구현한 작품이다. 엄마는 아빠 쪽으로 아이를 감싸서 안고 있고 아빠는 왼팔로 아이의 다리를 받치고 있다. 부부 사이에 벌어져 있는 약간의 틈은 아이의 몸에 의해 완벽하게 메워지고 있다.

　아이를 매개로 부부를 체결하고 있는 두 사람의 팔은 새끼줄의 한 지점을 연상시킨다. 불교식으로 말하면 인연이고 생물학적으로는 핏줄이다. 부부는 둘의 중심에 인연, 혹은 핏줄의 내선을 들여앉힘으로써 가족이라는 완전체를 이룬다. 가족은 이렇게 해서 전에는 경험해보지 않았던 소속감과 유대감을 느끼며 새로운 삶의 여정에 나선다.

　부모가 자식을 돌봐야 하는 기간은 다른 포유류에 비해 압도적으로 길다. 인간이 아닌 동물들은 번식이 종료되는 동시에 죽음이 오도록 프로그래밍 되어 있다. 이른바 자연선택이다. 그러나 인간은 번식연령이 지나고서도 몇십 년은 더 살게 된다. 자식이 번식연령에 이르게 될 때까지는 계속해서 그를 돌봐야 하기 때문이다.

인간이 번식연령이 종료된 이후에도 한동안 자식을 돌보는 것은 종을 유지하는 데 힘쓰라는 자연의 명령인 셈이다. 이는 가족의 무게중심이 자식으로 이동하는 것이 자연의 필요에 부응하는 현상임을 말해준다. 내리사랑도 어쩌면 자연선택을 이행하기 위한 정서적 장치일 수 있겠다는 생각도 든다.

'아이들은 천국으로 이어지는 다리'라는 페르시아의 속담처럼 우리는 첫아이를 얻었을 때 천국을 맛보았다. 어린 자식은 예쁜 척하지 않아도 예뻤고 미운 짓을 해도 귀여웠다. 모든 어린 것들은 다 귀엽지만 내 아이는 더욱 사랑스러웠다. 삶은 달걀의 속살같이 피부는 부드러웠고 뽀얀 은방울꽃같이 웃음은 해맑았다. 앙증맞은 발가락을 깨물어보고 어화둥둥 몸을 어르면서 행복의 향기에 취해 갔다. 눈앞에 마주한 생명의 신비에 감동했고 저 작은 씨앗 속에 울창한 숲이 담겨있다는 상상에 가슴이 뭉클했다. 죄암죄암[持闇持闇] 도리도리[道理道理], 쥘 줄 알았으면 놓을 줄도 알고, 만물은 도리에 따라 생겨났으니 너도 또한 하늘의 도리를 깨달아라. 섬마섬마, 남에게 의존하지 말고 스스로 일어나서 꼿꼿이 살아야 하느니라. 부모는 어느새 기도문을 외는 랍비가 되기도 했다.

부모는 이제 지금까지와는 전혀 다른 사람이 되어야 했다. 아이라는 문자를 가장 많이 읽어내는 독서왕, 아이의 모든 표정 언어를 해석하는 동시통역사, 오로지 아이에게만 붙어 넘실 기웃대는 해조류, 아이의 잇몸에 새순같이 움트는 첫 이의 최초 발견자, 세상에 하나밖에 없는 천재를 만들어낸 기발한 창조자, 아무리 써도 마르지 않는 감탄사의 화수분…….

  부모는 그렇게 새로운 세계를 알아가게 되었다. 아이가 뒤집기에 성공했을 때, 옹알이 속에서도 분명히 엄마라고 발음한 것을 어렴풋이 느낄 때, 한 발 한 발 걸음을 떼기 시작했을 때, 간지럼을 태면 까르르 석류 알 같은 웃음을 터트릴 때, 부모는 기쁨에 찬 충만에 풍덩 빠져 환호했다. 매일매일, 매 순간순간의 감동과 행복을 표현할 능력이 없는 표현력 결핍 증후군 환자가 되고 말았다.

  그때 비로소 부모의 심정이란 이런 것인가, 우리 부모도 나를 키울 때 이런 심정이셨을까,를 헤아려보기 시작했을 것이다. 아이 덕분에 이제야 어른이 되었다는 느낌이 들었을 것이다. 아이가 유치원 가방을 들쳐 매고 현관문을 나설 때, 부모는 다시 한번 책임감으로 무장한 갑옷의 가죽끈을 조였을 것이다. 새로운 세상을 가르쳐주고 기쁨을 알게 해준 아이에게 받은 것을 갚아야 한다고 결심했을 것이다. 이런 시가 있다.

  너 몇 살이니?
  15살요.
  엄마는 지금 몇이신데?

15살요.

엄마, 네 엄마가 너하고 쌍둥이란 말이냐?

엄마는 저를 낳고 나서야 엄마가 되었대요.

아빠두 맨날 제 덕분에 아빠 되었다고 하세요.

그래그래 자식이 부모를 키워주지.

평생이 걸리지만 부모 되게 해주지.

— 유안진,「자식의 은혜」

  그러나 아이가 자기 가방을 들고 문지방을 나선다는 것은 더 이상 품 안의 자식이기를 사양한다는 최초의 분리 선언이었다. 그걸 그때는 잘 몰랐다. 자식은 부모에게 자신의 확장된 자아이자 분신이고 희망일 뿐이었다. 한때 자신이 날개를 달고 하늘로 솟구치고 싶어 했던 꿈, 허공에 그린 것을 뒤늦게 알게 된 미래의 설계도……, 이런 것들의 허무한 실존 앞에 고개 숙일 무렵 찾아온 새로운 가능성이었다. 부모의 꿈을 대행할 예비 상속인에 대한 기대가 풍선처럼 부풀어 올랐다. 사위어가는 화톳불을 다시 불사르기에 충분한 한 무더기 장작이라 믿었다.

  이제 부모의 마음은 자신을 엄마로 아빠로 '키워준' '자식의 은혜'를 갚겠다는 보은의 열정으로 덮혀지기 시작한다. 부모는 탐색의 플래시를 켜 들고 아이의 요모조모를 구석구석 비춰본다. 이 아이의 어디에서 은밀한 잠재력이 '반짝'하고 반사광을 보내올지 모르기 때문이다. 그리고 태극기를 몸에 두른 운동선수, 세계 인명사전에 등재된 과학자, 기립박수를 치는 관객 앞에 나와 커튼콜을 하는 피아니스트들을 상상해 본다. 뭐가 달라도 틀림없이 남다른 구석이 있는 이 아이를 위해서라면 이 한 몸 부서지더라도 점화의 방아쇠가 당겨질 순간을 찾아줘야 한다고 결심한다. 의사나 법관이 되면 그런대로 괜찮지만 '하다못해' 교사나 경찰관이 된다 해도 받아들여야 한다고 생각한다. 호랑이를 그리다가 안 되면 고양이라도 그리되지만 처음부터 고양이를 그리게 해서는 안 된다고 다짐한다.

부모들이 생각하는 방식은 거의 비슷하다. 말은 씨가 되고 같은 말의 반복은 믿음을 강화한다. 조기교육은 장래의 꿈을 더 굳게 내면화하고 자기효능감을 증진한다. 그래서 부모는 아이에게 커서 뭐가 될 거냐고 계속해서 묻는다. 어려서부터 확고한 목표의식을 갖게 만들어야 그때그때 흔들리게 마련인 마음을 다잡아서 자기가 원하는 사람으로 이끌어줄 수 있다고 믿는 것이다.

나도 큰아이를 키울 때 그런 생각이었던 것 같다. 우리 아이는 커서 군인이 되겠다고 했다. 나는 아이가 선택하는 것은 무엇이든 존중해주는 것이 옳다고 말해 왔다. "그래, 좋은 생각이다. 그런데 군인 중에서도 어떤 군인이 되고 싶은데?" 나는 군인의 계급을 설명해주었다. 일등병도 있고, 병장도 있고, 대장도 있고, 참모총장도 있다며. 아이는 일등병이 되겠다고 했다. "일등병도 좋기는 하지만 이왕 군인이 되려면 대장이 되는 게 어때? 그러면 우리나라 군인들이 다네 부하가 되고, 그 사람들이 너한테 '충성'하고 경례도 하거든."

 그렇게 말하는 것이 일고여덟 살의 어린애에게 무슨 의미가 있었을까. 그때는 장래 희망을 세뇌하는 것이 부질없는 짓이었다는 걸 나도 잘 몰랐다.

 많은 부모들이 그런다. 네가 원하는 삶을 살라고. 네가 잘하는 것을 하라고. 평범하게 사는 것이 행복하다고. 그런데, 거기에 '그런데'라는 단서를 붙이고 '그 대신'이라는 꼬리표를 단다. '이왕이면'이라는 옵션을 추가한다.

 부모에게는 어떤 '사람'이 되는지가 중요한 게 아니라 어떤 '일'을 하는 사람이 되는지가 중요하다. 요리사가 되겠다는 아이에게 '이왕이면' 우리나라 최고의 셰프가 되라고 주문한다. 여행가가 되겠다고 말하는 아이에게 '왜'는 안중에도 없다. '그 대신' 공부를 열심히 해서 외교관이 되면 세계 어디든지 네 마음대로 다닐 수 있으니 '이왕이면' 외교관이 더 좋겠다고 말한다. 결국 공부나 열심히 하라는 소리다.

 모든 것은 공부로 통한다. 공부가 인생의 전부가 아니라고 말하는 부모는 둘 중의 하나일 뿐이다. 이미 공부에 신경 쓰지 않아도 될 정도의 성적 우수자이거나 아예 공부로는 더 이상 어떻게 해 볼 도리가 없는 '공포자'(공부포기자)의 부모다. 나머지 대부분의 부모는 공부에 목을 매지 않고서는 스스로도 견디지 못한다.

 이래라, 저래라, 아서라, 말아라, 잔소리가 입에 붙는 사이 부모로서의 행복감은 점차 방전되기 시작한다. 아이들은 아이들대로 부모의 나무를 떠나 다른 무리의 숲속으로 섞여들어 가기 시작한다. 그러면서 부모와 자식 간의 줄다리기 게임이 본격화되는 시기가 온다. 그리고 당연하고도 운명적으로, 팽팽하던 힘의 균형이 무너지고 줄다리기의 줄목은 아이들 쪽으로 쏠리게 된다.

거짓말을 할 때마다 코가 커지는 아이 이야기로만 알고 있는 카를로 콜로디의 『피노키오의 모험』에서도 부모-자식 간에 일어날 수 있는 저간의 은유를 그대로 보여주고 있다.

제페토 영감의 도움으로 탄생한 피노키오는 공부는 뒷전인 채 노는 것만 일삼고 밥 먹듯이 사고를 친다. 무모하고 반항적인 친구를 따라가기 위해 아버지를 속이는가 하면 친구들과 싸우고 학교에서 도망치기 일쑤다. 국어책을 팔아 입장권을 사서 서커스를 보러 가고, 친구들의 꾐에 빠져 죽을 뻔한 위기도 겪는다. 그러다가 후회하고 다시 유혹에 빠져 사고를 치는, 탈선과 비행의 연속인 사고뭉치다.

어디서 많이 본 듯한 데자뷔를 느끼지 않는가. 아니면 당신의 자녀가 실제 그러지는 않았는가. 피노키오 이야기는 한 인간이 성장의 단계로 나아가는 모험담이자 사회 구성원으로서의 입사의례에 해당한다. 그러나 이런 일을 겪는 부모는 깊은 좌절과 절망을 느끼며 '자식은 배반하기 위해 태어난다'는 말을 실감하기 시작한다.

누군가 했던 '자식 자랑과 운전 자랑은 하지 말라'던 말도 떠오른다. 신이 너무 바빠서 어머니를 만들었다고 하지만 사실은 세상일이

제 마음대로 되지 않는다는 것을 부모에게 가르치기 위해 자식을 보내셨다. 그러니 이제부터 부모는 죽는 날까지 걱정을 달고 살아야 한다. 자식에게 집착하면 할수록 걱정은 늘어나고 실망감은 커진다. '자식이 아니라 웬수'라는 말이 절로 나온다. '너도 너 같은 자식 낳아서 한번 키워보라'던 예전 부모님 말씀이 이제야 제대로 뼛속으로 파고든다.

모든 부모는 자기 자녀가 명문대학에 진학하고, 좋은 회사에 취업하고, 남들이 선망하는 라이센스를 취득하여 미래를 살아가는 날개를 얻기를 바란다. 자식에게 최선을 다했다고 자신하는 부모일수록, 또래들보다 총명한 유전자를 물려줬다고 믿는 부모일수록 그에 합당한 자식 값을 해주기를 바란다. 자신이 고생을 해서 성공했다고 생각하는 부모일수록 부모가 깔아놓은 레일 위를 이탈하지 말라고 몰아세운다. 나는 고생했어도 너 하나는 그런 고생 안 시키려고 그런다, 다 너 잘되라고 하는 말이다, 하면서 '세상물정 모르고' '아직도 정신 못 차리는' 자식의 고삐를 죈다. '완벽한 자녀'로 키우기 위해 '완벽한 부모'가 되려고 노심초사하지만 완벽한 자녀란 없고 완벽한 부모 역시 존재하지 않는다.

마음대로 안 되는 것이 자식교육이다. 간디처럼 되지 말라는 법도 없다. 간디의 장남 할리랄은 그가 열아홉 살에 얻은 자식이다. 그는 영국 유학과 남아공 인권운동에 집중하느라 자녀들을 제대로 돌보지 못했다. 그러면서도 자신의 이상주의적 교육관을 자녀들에게

적용하려 했고 아들은 물론 며느리에게까지 엄격한 훈육의 잣대를 들이댔다. 결정적으로 영국 유학생을 뽑을 때 아들보다 성적이 뒤처지는 다른 젊은이를 추천하는 바람에 할리랄의 감정은 뒤틀릴 대로 틀어지고 말았다. 거기다 자신의 부적절한 사생활과 위선의 속살을 지근거리의 아들에게 보여주지 않을 수 없었다.

 할리랄이 힌두교를 버리고 종교적 대척점에 있던 이슬람으로 개종해버린 것은 그런 아버지에 대한 복수심의 표출이었을 것이다. 한때 작은 간디로 불리며 위대한 아버지의 승계자로 기대되던 할리랄이 술과 여자에 빠져 방탕하게 산 이유도 아버지와의 관계 속에서 찾아야 할 것이다. 간디는 몇 달 후면 쓸쓸히 생을 마감하게 될 아들을 요양소에 맡겨둔 채 자신이 먼저 세상을 떠나고 말았다. 그의 가슴에 아들에 대해 삭히지 못한 분노와 원망을 남겨둔 채였을 것이다.

 배 아파하며 자기 뱃속에서 낳았으니 누구보다 제일 잘 알 거라고 생각하던 자식을, 사실은 누구보다 잘 모르는 사람이 부모일지 모른다. 부모란 존재는 애초부터 고장 난 저울이 아니던가. 자식 앞에 붙이는 수식어가 '나'냐 '남'이냐에 따라 대상을 다르게 해석하고 평가하지 않았던가. 내 자식은 머리는 좋은데 공부를 하지 않아 대학에 떨어진 것이고, 친구를 잘못 만나 이 지경이 되었다고 생각하지 않았던가. 부모라는 저울이 고장 난 줄도 모르고 그 저울의 눈금만 믿지는 않았던가. 고장 난 저울은 수리해서 써야 한다. 그래야 자식도, 자신도 객관화할 수 있게 된다.

자식은 부모가 몰고 가는 자동차가 아니다. 액셀러레이터를 밟으면 빨리 달리고 브레이크를 밟으면 멈추는 기계가 아니다. 자식도 자기 차를 가지고 도로를 주행하는 또 한 사람의 운전자다. 자기 차의 운전석에 앉아 그만의 인생길을 따라 주행하는 것이다. 자기 차를 몰고 가는 자식이 맘에 들지 않는가. 못 미더운가. 그럼 어쩔 텐가. 운전을 가르쳤으면 그걸로 그만인 것이다. 새들도 날갯짓을 하여 자기 하늘을 날 줄 알면 더 이상 먹이를 가져다주지 않는다. 그것이 자연과 맺은 약속이고 자연이 내리는 명령이다.

정신적 젖떼기를 하라는 말이다. 정서적 독립과 분리는 자녀에게만 해당하는 문제가 아니다. 인내와 희생의 둥지에서 이제 그만 자식들을 날려 보내고 부모도 스스로의 하늘을 날아야 한다. 부모도 독립하고 자립해야 하는 때가 온 것이다.

그동안 부모는 자식에 대한 숭고한 희생만을 최상의 미덕으로 여기며 살아왔다. 자식의 뒤를 치다꺼리하는 데 바빠 자신의 삶은 돌아보지 못했다. 자식을 잘 가르치는 데 진이 빠져 자신을 교육하는 데는 힘쓸 겨를이 없었다. 자식을 키우는 데 집중하느라 자신의 성장은 거들떠보지 못했다. 부모의 삶은 오로지 자식의 삶으로 대체되어 있을 뿐이었다. 자식만이 삶의 전부일 뿐이었다. 부모는 지금까지 '누군가를 위한' 삶을 살았지 자기 삶의 주인공이 돼본 적이 거의 없었다.

내가 어릴 때 푸념처럼 교훈처럼 어머니가 하시던 우렁이 이야기가 생각난다. 우렁이는 몸 안에 새끼들을 품고서 제 살을 파 먹여 키우느라 종국에는 빈껍데기만 남는다는 것이었다. 나중에 어디선가 들은 이야기인데 염낭거미 또한 바스락대는 낙엽같이 껍데기만 남겨놓고 제 살은 새끼에게 먹이고 죽어간다고 했다. 실제로 우리 4남매는 일찍이 청상과부가 된 어머니의 살을 파먹고 살았지만 끝내 '빈 곳'을 채워드리지는 못했다. 어머니는 말 그대로 '텅 빈' 삶을 사신 것이었다. 껍데기만 둥둥 떠다니는 삶이었다. 자식들은 제 하늘을 날기에 바빴다.

부모는 이제 좀 이기적일 필요가 있다. '나만' 아는 이기가 아니라 '나도' 살피는 이기로 제 살이 빠져나간 자리를 채워야 한다. 새끼가 앞가림을 하기 시작하면 무관심해지는 동물들처럼 부모도 자식에게 거리를 두어야 한다. 부모 모시기를 번폐스러워하는 현실을 인정하고, 언젠가 요양원이 자기 삶의 기착지가 될 수 있다는 사실을 받아들여야 한다. 어린이집의 유아학대 문제에는 쌍심지를 켜면서 요양원의 노인학대 문제는 쿨하게 넘어가는 자식들의 심리적 바닥도 이해해야 한다.

언젠가 자식이 괘씸하고 섭섭하게 느껴지는 날이 오게 될지도 모른다. '내가 너를 어떻게 키웠는데!' 하고 구질구질한 원망을 쏟아놓을지도 모른다.

그러나 어쩌랴, 그래봤자 도끼로 제 발등을 찍는 것일 뿐. '다 너 잘되라고 그러는 것이다.', '너만 잘 살면 부모는 더 이상 바랄 게 없다.'고 하지 않았던가. 그렇게 키워놓고서 몸이 아픈데, 마음이 외롭고 쓸쓸한데 찾아주지 않는다고 원망해야 부질없는 일이다. 용돈은커녕 만날 찾아와서 손을 벌리는 자식에게 부모가 무슨 화수분이냐고 툴툴거려봐야 소용없는 일이다.

애시당초에 '좋은 부모' 말고 '그냥 부모'로 살았어야 했다. 이미 그렇게 살아버렸으니 어쩌냐고? 아직 늦은 게 아니다. 이제부터라도 당신의 삶을 살아라.

조카 보듯이 자식에게 거리를 두고 살아라. 조카 때문에 밤새워 걱정하고, 조카한테 마지막 남은 것까지 탈탈 털어주는 삼촌, 고모는 없지 않은가. 조카가 자주 찾아오지 않아도 원망하는 마음은 크지 않고, 앉으나 서나 조카 자랑하느라 친구들에게 왕따가 될 일도 없다. 조카는 전적으로 의존할 만한 대상이 아니다. 정신적인 거리두기, 홀로서기로 당신의 품위를 챙겨야 한다.

이 또한 사랑하리라
◇◇◇
부부

　혼자 산 시간보다 같이 지낸 세월이 더 많은 사이, '당신 없이는 못살아'하다가도 얼마 후에는 '당신 때문에 못살아'하는 사이, 하루에도 몇 번씩 애증이 교차하는 친구이자 원수로 맺어진 사이, '함께'라는 말이 항상 익숙하면서도 가끔은 알다가도 몰라서 '혼자'가 되는 사이, 떨어져 지내는 것이 일주일 이상은 곤란하지만 며칠간은 홀가분한 기분을 느끼게 하는 사이, 내가 욕하는 것은 괜찮지만 남이 욕할 때는 못 참고 화를 내게 하는 사이, 식당에 가서 단둘이 밥을 먹으면서도 옆 사람에게 불륜이 아닌 것을 금방 눈치채게 하는 사이, 저 사람을 만나지 않고 다른 사람을 만났으면 내 팔자가 폈을까 하고 잠시 회의하게 만드는 사이, 엄숙의 가면을 벗고 가장 통속적인 얼굴을 보여주는 사이, 내가 웃으면 같이 웃고 내가 찡그리면 같이 찡그리는 거울 속의 나 같은 사이, 어떤 날은 시였다가 어떤 날은 산문이었다가 하는 사이, 세계 인구 79억 1,243만 명 중에 딱 그 한 사람과의 사이, 발 한쪽을 같이 묶고 하나둘 하나둘 걸어가며 자식이라는 발자국을 남기는 사이….

　노년의 나이에 들어선 사람들에게 부부란 서로 어떤 존재일까. 부부라는 게 참으로 미묘복잡한 관계인지라 그걸 정의하는 나만의 문장들은 실타래의 실처럼 풀려나온다. 세상의 부부들은 저마다 만인각색의 모습으로 살아가고 있으면서도 그게 또 고만고만한 삶의 방식으로 수렴되기도 한다. 숲에 들어가 보면 거기 크고 작은 초목들이 우거져 있다. 소나무나 주목 같은 늘푸른나무도 있고 겨울에 잎을 떨구는 갈참나무 같은 낙엽수도 있다. 교목도, 관목도 제각각의 삶을 꾸리고 있고 쓰러진 나무, 오래된 나무들이 어울려 자리를 잡고 있다. 부부라는 나무들이 그렇게 살고 있다. 멀리서 보면 그 나무가 그 나무다.
　일찍이 서양에 큐피드가 있었다면, 동양에는 월하노인이 있었다. 큐피드가 쏜 화살을 맞고 눈이 잠깐 멀었던지, 월하노인이 운명의 붉은 실로 발목을 묶어주는 바람에 발을 뺄 수 없었던지, 남자와 여자는 부부가 되었다. 시간이 흘러 큐피드의 마법이 풀리고 묶여 있던 발목의 실도 느슨해지는 시간이 온다. 내가 사랑하던 그 사람이 바로 저 사람이 맞는가 싶은 의심의 시간도 찾아온다. '결혼이란 상호 간의 오해로 발생한다'는 오스카 와일드의 통찰에 깊은 공감이 느껴지는 때도 생긴다. '판단력이 없어서 결혼하고, 인내심이 없어서 이혼하고, 기억력이 없어서 재혼한다'는 우스갯소리가 예사롭게

들리지 않는 날도 온다.

　물론 갈까마귀 같은 부부가 없는 것은 아니다. 부창부수夫唱婦隨라는 말처럼 갈까마귀 암수는 일 미터 이상을 떨어지지 않고 일생을 살아가는 새다. 동물학자인 콘라트 로렌츠가 『솔로몬의 반지』에서 말해주는 바에 의하면, 갈까마귀는 세상에 나온 첫해에 약혼자를 정하고, 이듬해에 교미를 하여 이후 사람의 수명에 뒤지지 않을 만큼의 긴 세월을 변함없이 지낸다. 암컷은 수시로 수컷의 깃털을 쓰다듬어 주는 것으로 애정을 표현하고, 수컷은 암컷의 입에 다정하게 먹이를 넣어주고, 약혼자로 맺어질 때의 두근거림과 떨림으로 사랑의 소리를 들려준다. 갈까마귀에게는 사랑의 호르몬인 옥시토신의 유통기한이 없는 것일까. 그들끼리 다정한 느낌을 주고받는 모든 목소리와 몸짓은 사랑스럽다. 갈까마귀가 그렇게 하듯 어떤 부부들에게서도 그런 사랑스러움을 본다. 아주 간혹.

　그렇지만 부부란 결혼 전에는 영화를 찍고 결혼 후는 다큐를 찍는 것과 같다는 말이 더 다가온다. 결혼은 현실이다. 결혼은 '나'로부터 '우리'로 이동하는 변화 속으로 삶을 밀어 넣는다. 성장과정과 살아온 환경이 다른 두 문화의 결합이고 확장이다. 친지와 혈연관계 등의 인간관계는 물론 공간까지 결혼을 통해 재배치된다. 그 적응의 과정에 어려움이 없을 수 없다.

　지금 노년이 된 세대들은 피 한 방울 섞지 않은 두 사람을 하나가 되라고 요구받았다. 근본적인 차이를 지닌 두 사람이 결합하는 것도 어려운데 화학적 합성까지 하라는 건 지나친 압력이었다. 뿌리가 다른 나무지만 한 신체에서 다른 신체로 몸을 섞은 연리지連理枝조차도 꽃은 근본을 따라서 핀다. 한 몸이 되어 살아가지만 본시 흰 꽃이 피던 나무에서는 그대로 흰 꽃이 피고 붉은 꽃이 피던 나무에서는 붉은 꽃 그대로 핀다. 부부가 일심동체라는 말은 그래서 수긍하기 어렵다. 부부로 사는 것은 연출되고 편집되는 영화가 아니라 울고 웃고 부대끼는 현장을 가감 없이 보여주는 다큐라고 하는 것이 맞다.

전에는 주례를 맡아 결혼식장에 종종 불려 다녔다. 그때 나는 함민복의 시를 주례사의 주요 레퍼토리로 가지고 있었다.「부부」라는 시였다. 한 아름에 잡히지 않는 긴 상이 있으면 어떻게 운반해야 하는가. 둘이서 같이 들어야 하는데 좁은 문이 나타나면 어떻게 해야 하는가. "한 사람은 등을 앞으로 하고 걸어야 한다/뒤로 걷는 사람은 앞으로 걷는 사람을 읽으며/걸음을 옮겨야 한다/잠시 허리를 펴거나 굽힐 때/서로 높이를 조절해야 한다/다 온 것 같다고/먼저 탕 하고 상을 내려놓아서는 안 된다/걸음의 속도도 맞추어야 한다"는 게 부부생활의 원리라고 시인은 말한다. 나와 생각이 다른 그의 마음을 읽어주고 배려해야 한다, 관계의 수평을 놓치지 않게 하고, 높낮이의 화음에서 공명이 퍼지게 해야 한다, 인생이라는 '긴 상'을 마주 잡고 한 발 한 발 보폭과 속도를 맞추며 조심히 살아야 한다는 것이다. 백 번이고 천 번이고 지당한 말씀이다. 당위다. 그래서 시에서도 '~해야 한다'고 거듭 강조한다. 출발선의 부부들이 맹약하고 돌에 새겨야 할 금언이다. 하지만 신혼의 이불을 걷고 생활의 벌판에 나서게 되면서부터 약속의 말은 흩어지기 시작한다.

예식장에서는 함민복의 시를 읽어주지만, 살다 보니 사실은 문정희의 시가 더 마음에 붙는다. 문정희 시인도 「부부」라는 시를 썼는데, 시인은 보다 현실감 있는 언어로 부부라는 관계를 규정한다. 함민복의 시가 신혼에게 들려주는 부부생활의 원리적 지침서라면 문정희의 시는 결혼생활의 얼룩진 디테일을 보여주는 또 하나의 버전이다. 시인에 의하면, "부부란/무더운 여름밤 멀찍이 잠을 청하다가/어둠 속에서 앵하고 모깃소리가 들리면/순식간에 둘이 합세하여 모기를 잡는 사이"다. "남편이 턱에 바르고 남은 밥풀꽃 만한 연고를/손끝에 들고/어디 나머지를 바를 만한 곳이 없나 찾고 있을 때/아내가 주저 없이 치마를 걷고/배꼽 부근을 내어 미는 사이"고 "그 자리를 문지르며 이달에 너무 많이 사용한/신용카드와 전기세를 문득 떠올리는 사이"다. "부부란 서로를 묶는 것이 쇠사슬인지/거미줄인지는 알지 못하지만/묶여 있는 것만은 확실하다고 느끼며" 서로를 옭아맨 것에 길들여지는 사이다. 갑작스런 소나기를 만났을 때 부부는 우산 하나를 같이 받쳐 들고 이달에 쓴 전기요금 고지서와 큰아이의 성적표가 기다리는 현관문으로 뛰어 들어간다. 부부의 일상은 데면데면하지만 모기와 같은 무례한 침입자, 가령 층간소음을 항의하러 온 아래층의 남자에게는 '우리도 발꿈치를 들고 다

닌다'며 공동 전선을 펼친다. 또 가령 아이의 교통사고, 배우자의 암 진단 같은 위기를 만나면 연대의 스크럼은 더 강하게 결속된다. 서로 투닥거리다가도 부부의 인연은 전생 천년, 현생 천년, 후생 천년의 고리로 엮여진 게 틀림없다며 같이 웃는다.

그런 부부에게도 풋풋하고 향기 넘쳐나던 연애의 시절이 있었다. 여자에게 남자는 아름다운 체색體色을 몸에 두르고 날렵하게 초원을 달리는 '젊은 영양'이었고, 남자에게 여자는 달콤한 샘물이 솟아나고 석류알 같은 웃음이 톡톡 터지는 '비밀의 정원'이었다. 눈을 맞춰 수정 같은 눈동자를 들여다보고 귀를 세워 감미로운 목소리를 담으며 '너는 나에게 나는 너에게 잊혀지지 않는 의미가 되고 싶'어 하던 시절이 있었다. 그랬던 그들에게 입안에 씹힌 모래알처럼 대화가 서걱거리는 날이 찾아온다. 부부란 사소함 속에서 살아가는 존재들이다. 만약에 욕실에 비누가 있네, 없네 하는 문제로 다투고 있다면 그 부부가 이상한 걸까. 노벨상 수상작가인 가르시아 마르케스의 장편소설 『콜레라 시대의 사랑』에서 부부가 벌이는 자존심 싸움은 세월을 웬만큼 살아온 부부들에게라면 그리 낯설지 않은 장면이다.

의사인 남편은 비누 없이 샤워를 한 게 일주일은 넘었다며 투덜댔고, 아내는 비누가 떨어지지 않았고 자기는 항상 비누로 씻는다고 대꾸를 한다. 남편은 아내가 사실을 인정하지 않는다고 화를 내고 아내는 남편이 사실을 과장한다고 공격하면서 싸움은 커진다. 정확한 건 욕실에 비누가 떨어진 게 사흘이고 그걸 두 사람이 다 알고 있다는 점이다. 그런데도 남편은 아내에게 죄책감을 심어주기 위해 도발을 하고, 아내는 자기의 거짓말을 방어하기 위해 신경질을 낸다. 어느 날 새벽의 소란이 야기한 불화는 '넉 달이 지난 어느 날 밤' 남편이 항복을 선언할 때까지 이어진다. 그동안 부부는 "각방을 쓰고 서로 말도 하지 않기로 했다. 그들은 식사를 하면서 아이들을 통해 식탁 반대편으로 메모를 전달하는 아주 교묘한 방식으로 상황을 모면했고, 그래서 아이들은 자기 부모가 서로 말을 하지 않는다는 사실을 눈치채지 못했다". '사랑과 전쟁'의 현실판 부부는 대륙의 건너편 콜롬비아의 작가 마르케스에게도 인간 보편의 소재로 채택되었던 것이다.

현실 속 부부들은 그렇게 살아간다. 시인은 때로 이슬만 먹고 살아가는 맑고 아름다운 존재로 오해되지만 그 역시 본색은 일상인이다. 민중의 일상에 내재한 건강한 생명력을 일깨우는 시로 독자의 사랑을 받는 정희성 시인도 자기 아내의 눈에 비친 자신의 비루함을 고백한다. "누가 듣기 좋은 말을 한답시고 저런 학 같은 시인하고 살면 사는 게 다 시가 아니겠냐고 이 말 듣고 속이 불편해진 마누라가 그 자리에서 내색은 못 하고 집에 돌아와 혼자 구시렁거리는데 학 좋아하네 지가 살아봤냐고 학은 무슨 학, 닭이다 닭, 닭 중에도 오골계烏骨鷄!"(「시인 본색本色」).

멀리 보이는 풍경과 가까이 들여다보는 현실은 많이 다르다. 사람들이 오죽하면 '니가 한 번 일주일만 같이 살아봐라' 그러겠는가.

음식점의 주방은 들여다보는 것이 아니라는 말도 그래서 나온 것이다. 멀리서 보면 푸르게 빛나는 지구도 알고 보면 너저분한 쓰레기 뒤범벅이다.

삶은 낭만을 배반하고 환상을 걷어낸다. 타성은 그때 그 시절을 돌아보게는 할 수 있어도 돌아가지 못하게 막는다. 대화는 잔소리로 변했고, 예전에 미처 몰랐던 말과 행동들이 쏟아져 나온다. 양말과 바지를 애벌레 허물처럼 벗어놓는 사람이 남편이다. 시큼한 술 냄새를 풀풀 풍기며 밤늦게 들어와 코를 고는 사람이 예전의 그 사람이다. 부지런하고 싹싹하고 깔끔하던 아내는 온데간데없어졌다. 도둑맞은 집처럼 집안 여기저기 물건들이 널려 있어도 며칠씩 거들떠보지 않는 사람이 아내다. 머리카락이 방안에 나뒹굴거나 말거나, 입술에 바른 빨간 루주가 번지거나 말거나 신경 쓰지 않는 사람이 예전의 그 사람이다.

그런데 어느 날 문득 웅크린 아내의 뒷모습에서 돌아가신 장모님이 보이고 남편의 주름진 얼굴에서 시아버지가 살아오신다. 그럴 때면 누구랄 것도 없이 애잔한 마음이 아지랑이처럼 몽글몽글 피어오를 수밖에 없을 터. 배우자에게 한순간 미운 마음이 들다가도 짠한 감정이 그걸 덮어버린다. 오탁번 시인이 일찍이 이런 감정을 포착해냈다. 「장모님」이라는 시다. "거실에서 자정까지 티브이를 보고 나서 잠을 자려고 안방으로 들어갔다. 그런데 뜻밖에도 침대 위에 스탠드 전등을 켜고 잡지를 읽는 안경 낀 장모님이 계셨다. 아니 장모님 어쩐 일이십니까. 목구멍까지 올라 온 말을 황급히 삼키고 나는 정신을 가다듬었다. 장모님이라니 장모님은 몇 해 전에 돌아가셔서 지금은 천안공원묘지에 잠들어 계신데 장모님이라니 아뿔싸".

아내에게서 장모님을 발견한 순간 '아내=젊음, 장모님=늙음'이라는 이분법적 도식은 허물어지고 만다. 아내도 이제는 누군가의 장모님으로 위치를 이동해갔을 나이다. 그러나 이게 어디 아내의 변화만이겠는가. 장모로 변한 아내의 거울에는 가족사진처럼 노년의 부부가 비치고 있는 것이다. 시인은 늙은 아내를 보고 문득 깜짝 놀랐지만, 이것은 친구가 보낸 아들의 청첩장을 보고 '네가 벌써 장가들 나이가 되다니' 하고 놀라는 이치와 같은 것이다. 세월은 아내만 데리고 가는 것이 아니다. 잡지를 읽고 있는 장모님은 '착각'이 아니라 나 자신의 나이 듦에 초점을 맞춰주는 교정 렌즈였다. 나의 나이가 비로소 의식에 선명하게 들어온 것이다.

시는 다음과 같이 계속 이어진다. "잡지를 읽고 있던 아내는 나의 착각이 대수롭잖다는 듯 웃고 말았지만 그날부터 우리 집에는 참으로 이상한 평화가 도래했다. 아내와 다툴 일도 없고 깨 쏟아질 일도 없게 되었다. 장모님 모시고 사는 사위의 예절만 있으니까 남편과 아내로서의 비장의 무기도 탄약이 다 떨어졌다". 그동안은 전쟁을 치르듯이 살아왔다. 그건 승자도 패자도 없는 소모전이었다. 이제는 그런 소모전에 에너지를 방전시킬 필요가 없게 되었다. 아내에게서 장모님을 발견하는 순간 '첩보전 국지전 전면전 치르'던 남편과 아내의 전쟁터는 '모든 시간과 공간을 송두리째 집어삼키는 블랙홀' 속으로 빨려들어 갔다. 서로를 상처 내던 칼은 무뎌지고 '장모님 모시고 사는 사위의 예절만' 남게 되었다.

　남편이 장모님을 모시고 살면 아내는 시아버지를 섬기고 살면 그만일 터이다. 조심조심 시아버지를 모시고 살기로, 며느리를 표시 내 사랑하던 그 어른을 받들어 살기로 마음을 고쳐먹으면 될 일이다. 평화가 온다. 일시적인 평화가 아니라 깊어진 평화다. 그리하여 시의 마지막 문장은 이렇게 마무리된다. "아내여 장모님이 된 나의 아내여 이제는 흰 뼈로 흔적만 남아 민들레 씨앗처럼 가벼워진 그 옛날의 장모님이여 오늘 밤 나를 울리는 미운 아내여". 드디어 자식들이 떠난 집안에 남겨진 측은한 '당신'이 보이기 시작한다. 일촌지간인 자식들에게 밀려 어느 틈에 후순위가 되었던 남편의 위치가, 아내의 자리가 이윽고 무촌無寸의 거리를 회복한다. 서로를 바라보는 촉촉한 눈빛이 교환되고, 두 사람의 말투와 행동과 표정이 닮았다는 사실을 새삼 기억해내기 시작한다.

　하늘에 구름이 걷히고 부부의 방안에 햇빛이 비친다. 그러나 청천晴天에도 느닷없는 벼락이 떨어지는 때가 있다. 나태주 시인의 얘기다. 평생을 시인으로, 선생으로, 시와 아이들만 데리고 살던 사람에게 날벼락이 내렸다. 담도에 큰 돌이 생겨 그걸 터트리는 바람에 쓸개 액이 쏟아져 나와 췌장의 4분의 3이나 녹이는 괴사성 췌장염을 일으켰던 것이다. 몇 달 있으면 정년을 하고 이제는 가난한 아내의 곁으로 돌아가 나란히 햇볕이나 쬐려던 참이었다. 병원에서는 '수술 불가, 치료 불가'라는 판정을 내렸고 시인은 집으로 돌아가는 대신 병상에서 생을 마감해야 할 처지가 되었다. 가까운 지인들이 장지를 알아보고 다니기도 했다. 이제 부부는 기도밖에는 달리 할 수 있는 일이 없었다.

'살려주십시오. 살려주십시오.' 그 말만 몇 시간이고 반복하는 기도를 올렸다고 했다. 시인의 아내 역시 되풀이해서 같은 기도를 올렸다고 했다. '하나님 저는 절대로 혼자서는 공주 집으로 돌아가지 않겠습니다. 결단코 저 사람을 살려주십시오.' 하나님이 듣기에 딱해서였든지, 기도가 너무나 간절해서였든지, 아니면 막무가내로 떼를 쓰는 시인의 아내에게 항복을 해서였든지, 어쨌든 시인은 결국 완치되어 고향 땅을 밟을 수가 있었다. 의사가 포기했던 병을 부부의 '하나님'은 말끔하게 고쳐내었던 모양이다. 이때 죽음을 앞에 두고 병상에서 쓴 시가 「너무 그러지 마시어요」였다. '신이시여, 내 가엾은 아내에게 너무 그러지 마시어요'라는.

> 너무 그러지 마시어요. 너무 섭섭하게 그러지 마시어요. 하나님, 저에게가 아니에요. 저의 아내 되는 여자에게 그렇게 하지 말아 달라는 말씀이에요. 이 여자는 젊어서부터 병과 더불어 약과 더불어 산 여자예요. 세상에 대한 꿈도 없고 그 어떤 사람보다도 죄를 안 만든 여자예요. 신장에 구두

도 많지 않은 여자구요, 장롱에 비싸고 좋은 옷도 여러 벌 가지지 못한 여자예요. 한 남자의 아내로서 그림자로 살았고 두 아이의 엄마로서 울면서 기도하는 능력밖엔 없는 여자이지요. 자기 이름으로 꽃밭 한 평, 채전밭 한 귀퉁이 가지지 못한 여자예요. 남편 되는 사람이 운전조차 할 줄 모르는 쑥맥이라서 언제나 버스만 타고 다닌 여자예요. 돈을 아끼느라 꽤나 먼 시장길도 걸어다니고 싸구려 미장원에만 골라 다닌 여자예요. 너무 그러지 마시어요. 가난한 자의 기도를 잘 들어 응답해주시는 하나님, 저의 아내 되는 사람에게 너무 섭섭하게 그러지 마시어요.

시인이 생명의 바닥에 가라앉아 기도의 촛불을 켰을 때 거기 아내의 흐릿한 생애가 비치기 시작한다. 그건 '한 남자의 아내로서 그림자' 같은 배경으로만 살아온 삶이었다. 외모를 화려하게 꾸미는 대신 본성을 순정하게 다듬으며, 세상일을 탐욕하는 대신 자신의 자리에만 헌신하는 생활이었다. 이런 아내를 세상에 홀로 두고 떠난다니 안 될 일이었다. 시인이 쓴 이 시는 하느님에게 호소하고 청원하는 기도문이자, 자신과 동행하며 묵묵히 세월을 따라 살아온 아내의 생애를 응축한 약전略傳이다. 나아가 아내를 가난으로 살게 한 자신의 잘못을 견책하는 반성문이기도 하다. 시인은 아내의 약전을 하느님에게 상소하고 자신의 잘못을 고해함으로써 서로가 연민에 가득

찬 정서적 포옹을 이룰 수 있게 된다. 그리하여 이제는 아내가 남편의 편이 되어 그의 시에 화답할 차례다.

> 남편의 병상 밑에서 잠을 청하며 사랑의 낮은 자리를 깨우쳐주신 하나님, 이제는 저이를 다시는 아프게 하지 마시어요. 우리가 모르는 우리의 죄로 한 번의 고통이 더 남아있다면, 그게 피할 수 없는 우리의 것이라면, 이제는 제가 병상에 누울게요. 하나님, 저 남자는 젊어서부터 분필과 함께 몽당연필과 함께 산, 시골 초등학교 선생이었어요. 시에 대한 꿈 하나만으로 염소와 노을과 풀꽃만 욕심내 온 남자예요. 시 외의 것으로는 화를 내지 않은 사람이에요. 책꽂이에 경영이니 주식이니 돈 버는 책은 하나도 없는 남자고요. 제일 아끼는 거라곤 제자가 선물한 만년필과 그간 받은 편지들과 외갓집에 대한 추억뿐이에요. 한 여자 남편으로 토방처럼 배고프게 살아왔고, 두 아이 아빠로서 우는 모습 숨기는 능력밖에 없었던 남자지요. 공주 금강의 아름다운 물결과 금학동 뒷산의 푸른 그늘만이 재산인 사람이에요. 운전조차 할 줄 몰라 언제나 버스만 타고 다닌 남자예요. 승용차라도 얻어 탄 날이면 꼭 그 사람 큰 덕 봤다고 먼 산 보던 사람이에요. 하나님, 저의 남편 나태주 시인에게 너무 섭섭하게 그러지 마시어요. 좀만 시간을 더 주시면 아름다

운 시로 당신 사랑을 꼭 갚을 사람이에요.

이정록, 「너무 고마워요」

　아내가 쓴 시다. 그러나 화제를 잠깐 바꿔 사실관계부터 확인하자면 이 시는 시인의 아내에게 빙의하여 또 다른 시인 이정록이 하느님께 보낸 탄원서이다. 시인은 상상하고 공감하는 사람이다. 시인의 아내인 양 감정을 이입하여 그녀의 마음에 접신하고 하느님께 호소한다. 남들처럼 무병장수하고 부귀영화를 누리게 해 달라는 게 아니다. 시를 쓰는 시인이 좀 더 오래 시를 쓸 수 있도록만 '시간을 더 주시면' 그로써 바랄 게 없다는 것이다. 그리하여 이 시의 작자가 누구인지는 이제 중요하지 않게 된다. 남편은 시라는 필터를 통해서 아내의 편에 가담하고 아내는 화답이라는 댓글을 통해서 시인의 가난을 옹호하며 하느님 앞에 연대의 전선을 펼친다. 남편과 아내는 서로를 되비치는 거울 앞에서 그렇게 한편이 된다. 둘은 인생 후반전의 전의를 고취하는 동지가 되고, 적의 총탄이 쏟아지는 8부 능선을 함께 돌진하는 전우가 된다.
　위기가 닥칠 때 사람들은 주변을 둘러보게 된다. 나를 건져줄 사람이 누구인가, 내가 매달릴 사람은 어디 있는가. 물에 빠져 허우적거릴 때 멀리 있는 사람은 나를 건져내지 못한다. 인생의 격랑에 내던져져 있을 때도 마찬가지다. 『인생이 내게 준 선물』을 쓴 유진 오켈리는 3개월 시한부의 뇌종양 판정을 받고 투병하던 어느 날 '관계의 동심원'을 그려봤다. 여러 개로 이루어진 동심원 중에서 가장 안쪽의 핵심을 차지한 사람은 자신의 어머니도, 자녀들도 아닌 아내였다. 자신의 회사를 세계적인 회계법인으로 성장시키기 위해 휴가는 물론 아이들 학교 행사에도 참석해 본 일이 없던 그였다. 세상을 떠나기에는 아직 이른 53세에 불과했지만 운명의 신이 곧 그를 데리러 온다고 예고하고 있었다. 그때 읽고 있던 자기 책의 마지막 페이지를 덮어줄 사람은 회사 동료나 친구가 아니었다. 바깥쪽 원에 너무 많은 시간을 쏟아붓느라 소홀했던 안쪽 원이 그를 붙잡아 주었다. 아내에게 돌아온 마지막 3개월은 그의 삶에서 가장 완벽한 시간이었고 가장 충만한 시기였다고 썼다.

그런데 왜 우리는 극한의 상황에 이르러서야 배우자의 손을 잡는 걸까. 유진 오켈리는 죽음이 오기 전에 좀 더 일찍 관계의 동심원을 그려보았더라면 좋았을 거라고 했다. 맞다. 하루라도 더 젊었을 때가, 조금이라도 더 건강할 때가 손을 다시 맞잡는 시기인 것이다. 몸이 쇠약해지고 있다고 느낄 때 우리는 영양제를 먹는다. 그것처럼 사랑의 접착제인 옥시토신의 분비량이 부족하다고 느낄 때 '결심'이라는 대체 접착제를 사용해보면 어떻겠는가. 노년의 부부에게서, 서로 눈을 떼지 못하고 사랑에 숨 막혀 하던 '그 순간'의 회복을 기대하기란 사실상 불가능하다. 그래서 '사랑은 결심하는 것'이다. 사랑의 호르몬이 부족해진다는 것을 알기에 매번의 결심을 통하여 부부 생활의 새로운 열의를 촉진하도록 하는 것이다.

지금 아내의 콧구멍이 너무 커 황소바람이 들어갈 지경이라고 느끼고 있는가. 매사에 느러터지고 시간 개념이 없는 여자라고 생각하는가. 나이가 70인데도 붉은 머플러를 매고 멋이나 부리려는 남편이 가소롭다고 생각하지 않는가. 운동이라고는 담을 쌓고 만날 TV 리모콘하고 씨름이나 하는 남편이 미워 죽겠지 않은가. 그러면 지금이 결심할 때이다. '이 또한 사랑하리라' 하고 마음을 다잡을 때이다.

　숲속의 명상가로 불리는 아잔 브라흐마의 『술 취한 코끼리 길들이기』라는 책에서 본 이야기다. 결혼식을 막 마친 후에 장인이 사위에게 물었다. "자네는 아마도 내 딸을 많이 사랑하겠지?" "자네는 내 딸이 세상에서 가장 아름다운 여성이라고 생각하겠지?" 사위가 그렇다고 대답한 건 당연했다. 장인이 말을 이었다. "그러니까 내 딸과 결혼을 했겠지. 하지만 몇 년이 지나면 자네는 내 딸아이에게서 결점들을 발견하기 시작할 거야. 그 아이의 결점들이 눈에 보이기 시작하면 이 사실을 꼭 기억하게. 만일 애초에 그런 결점들이 없었다면 내 딸아이는 자네보다 훨씬 나은 남자와 결혼했을 거야!"

　나의 아내는, 나의 남편은 완벽해서가 아니라 결점이 있어서 나하고 결혼했던 것이다. 배우자가 '꽃신'이었다면 '짚신'인 나하고 만날 일도 없었을 것 아닌가. 우리는 짚신이라서 짝을 맞춘 것이다. 부족한 건 탓할 일이 아니다. 물감의 색깔이 부족하면 섞어 쓰면 되는 것이다. 이 또한 사랑하겠다고 생각하면 "이 복 저 복 해도 처복이 제일이다", "이 방 저 방 해도 서방이 제일이다"는 속담이 우리 부부의 얘기가 될 수 있다.

　멀리 있는 것이 멋있고 아름답게 보일 때가 많다. 그래서 우리는 여기에는 없는 별, 멀리 있는 별을 동경한다. 그러나 멀리 있는 별만 별이 아니다. 지구도 우주 멀리서 보면 푸르게 빛나는 별이다. 우리가 발 딛고 있는 '지금, 여기'가 바로 그 빛나는 별이다. 더 가까이에는 '당신'이라는 별이 바로 곁에서 반짝거리고 있다. 무명의 비구니가 지었다는 "진일심춘불견춘盡日尋春不見春, 춘재지두이십분春在枝頭已十分(봄이 어디 있는지 짚신이 닳도록 돌아다녔더니, 봄은 정작 우리 집 매화나무 가지에 걸려 있었네)"이라는 오도송에서도 우리는 그 간단한 진리를 배우게 된다.

이룰 수 없는 필레몬의 소원
사별

　부부가 한날한시에 죽게 해달라고 청한 착한 농부가 있었다. 제우스가 자신을 극진히 대접해준 가난한 농부 부부에게 감동하여 소원을 들어주겠다고 했을 때 이들이 원한 건 한날한시에 죽게 해달라는 것이었다. 마침내 생의 마지막 날, 부부는 자신들의 소원을 들어준 제우스에게 감사하며 서로 마주 보는 나무로 변했다. 신화 속의 인물 필레몬과 바우키스 부부 이야기다. 여기서 유래하여 사람들은 부부가 같이 죽기를 바라는 마음을 '필레몬의 소원'이라고 부른다.
　그러나 가혹한 말이지만, 부부가 한날한시에 죽으려면 함께 타고 가던 비행기가 떨어지거나 태산 같은 쓰나미가 와서 집을 덮치는, 그런 무시무시한 재앙을 당할 때나 가능하다. 이건 불행이다. 한날한시에 죽겠다는 꿈은 실현되어서는 안 되는, 느닷없는 악몽이다. 설령 같은 날 같은 시에 태어난 부부가 있다 해도 각자가 맞이하는 죽음의 시간은 다르다. 필레몬의 소원은 이루어지지 않는다.
　남편이 됐든 아내가 됐든 누군가는 먼저 떠난다. 그게 필연이고 숙명이다. 그때 남은 자는 황망하고 애통하다. 모든 감각은 마비되고 세상은 무덤으로 변한다. 장례를 치르고 돌아오면 혼자 남겨졌다는 쓸쓸함과 외로움이 엄습해 온다. 심리적 진동의 높낮이만 다를 뿐 누구나 그리움의 파문에 휩쓸리게 되어 있다. 결혼해서 건강하게 9년을 살고 그 후 뇌졸중으로 쓰러진 남편을 24년이나 간병하다가 떠나보낸 신달자 시인조차도 막상 그가 떠나니 외로움을 견딜 수 없더라고 했다. "살았을 땐 원수인 줄 알았는데…."

어떻게 떠날까, 어떻게 떠나보낼까를 생각해 두어야 한다. 남의 일이 아니다. 나이가 든 부부일수록 이별의 시간은 가까워온다. 뜻하지 않은 손님처럼 불쑥 찾아오기도 한다. 남녀별 수명 통계가 말해주듯 열에 일고여덟이 아내가 혼자 남지만 아내를 먼저 보내야 하는 경우도 있다. 이제 막 철이 들려고 하는 나이, 그래서 '미안하다, 고맙다, 사랑한다'고 말하려고 하는 나이에 찾아온 방문객을 앞에 두고, 남편에게는 회한이 물결처럼 밀려온다.

정치적 평가가 남아있어서 이름을 거론하는 것이 망설여지지만, 알만한 사람은 다 아는 정치인이 있다. 김대중 정부의 실세였고, 지역에서 국회의원을 세 번이나 했던 유력한 전남지사 출마 예정자였다. 그런 그가 지방선거를 앞두고, "전남지사를 하실 분은 많지만 병든 아내를 지킬 사람은 저뿐이다"는 말로 불출마를 선언했다. 늦었지만 권세의 남자가 되기를 포기하고 아내의 남자가 되기로 했다. 그로부터 6개월 뒤 뇌종양 투병을 하던 그의 아내는 세상을 떠났다.

공사公私의 활동을 접고 아내의 병상으로 돌아온 남편이 아내에게는 마지막 선물이 되었을 것이다.

소설가 홍성유는 아내의 임종을 앞두고 명동성당 성모상 앞에서 기도를 올렸다. 가톨릭 신자가 되기 전이었지만 아내를 위한 기도는 누구보다 절절했다. "이제까지 가져보지 못한 순수한 마음으로 기도를 드립니다. 다영 엄마에게 구원을 주십시오. 저 사람을 데려가는 것이 당신의 뜻이라면 뜻대로 하십시오. 그러나 평온한 최후를 맞게 하시고 영생을 주시옵소서. 아내 없이 홀로 사는 고통은 이제까지 지은 죗값으로 감내하겠습니다. 그러나 다영이의 뒤를 돌봐주어야 할 책임이 있는 이 아빠에게 좌절 없는 용기를 주시옵소서."

먼저 가는 사람에게 남은 자가 줄 수 있는 것은 기도밖에 없었을지 모른다. 누구나 처음으로 가는 길이기에 죽음으로 가는 길에 두려움이 없을 수 없다. 두려움 없이 평온하게 길을 떠나도록 빌어주는 것은 남은 자의 책무다. 그러나 그것으로는 부족하다. 남은 자에게는 또 다른 남은 자를 지켜내기 위한 '좌절 없는 용기'가 더 필요하다. 어쩌면 떠나가는 사람보다 산 자에게 더 많은 힘과 용기가 필요할지 모른다. 저세상으로 떠나면서 남긴 '빈자리'가 크기 때문이다.

그 빈자리로 인해서 이제 남아있는 자의 생에는 중대한 변화가 시작된다. 빈자리를 채우는 것은 공허와 상실, 원망과 우울의 고통이다. 남은 자는 이 고통을 자신의 '죗값'에 대한 응보라고 생각하며, 고통으로부터 자신을 구제할 생각을 하지 않는다. 고통의 감수와 자책으로 자신을 결박한 채 무기력의 수렁으로 깊숙이 가라앉아 버린다. 우울과 자기 비난의 사이클을 오가며, 집안에 불을 켜지 않듯 자기 안에도 불을 밝히지 않는다. 단단하던 생의 의지는 하염없이 녹아 흘러내린다.

어머니의 죽음을 슬퍼하며 쓴 『애도일기』에서 롤랑 바르트는 이렇게 말한다. "우리가 그토록 사랑했던 사람을 잃고 그 사람 없이도 잘 살아간다면, 그건 우리가 그 사람을, (……) 그렇게 많이 사랑하지 않았다는 것일까?" 어머니의 자리에 배우자를 대입해도 감정은 마찬가지일 것이다. 배우자가 떠나면 자신의 일부를 잃는 것이고 그 삶도 정지되는 것이라고 생각한다. 그래서 남은 자는 웃는 것조차도, 좋은 옷을 입는 것조차도, 맛있는 음식을 입에 대는 것조차도 죽은 자에게 미안하다. 심지어 죄를 짓는 일이라고 생각한다. 끝없이 슬퍼하고 한없이 물기에 젖어 있는 것만이 배우자에 대한 애정을 증명하는 일이 된다. 아직은 슬픔에 대한 날카로움이 무뎌지지 않았고 이별과 상실을 받아들일 준비가 되어 있지 않았다.

주변에서 '산 사람은 살아야 한다'고 쉽게 말하지만, 구경꾼의 위로가 당자에게는 귀에 들어오지 않는다. 바르트의 말처럼 "누구나 자기만이 알고 있는 아픔의 리듬이 있"기 때문이다. 어느 날 찾아온 인생의 소용돌이에 다른 사람은 들어와 있지 않다. 헤쳐 나가든 침몰해 가든 그건 혼자만의 문제이다. 그 소용돌이 안에는 시간이라는 지푸라기가 있을 뿐이다. 시간은 약이 아니다. 바르트는 다시 이렇게 썼다. "시간은 아무것도 사라지게 만들지 못한다. 시간은 그저 슬픔을 받아들이는 예민함만을 차츰 사라지게 할 뿐이다". 맞다. 시간은 모든 것을 가져가지 못한다. 시간이 슬픔을 치유하는 것이 아니다.

> 자목련이 흔들린다.
> 바람이 왔나 보다.
> 바람이 왔기에
> 자목련이 흔들리는가 보다.
> 작년 이맘때만 해도 그렇지가 않았다.
> 자목련까지는 길이 너무 멀어
> 이제 막 왔나 보다.
> 저렇게 자목련을 흔드는 저것이
> 바람이구나.
> 왠지 자목련은
> 조금 울상이 된다.
> 비죽비죽 입술을 비죽인다.
>
> — 김춘수, 「바람」

시적 정황을 한번 떠올려보자. 창밖에 바람이 불고 있다. 시인은 바람이 부는 것을 어떻게 알까. 자목련이 흔들리고 있어서다. 그런데 "작년 이맘때만 해도 그렇지가 않았다"고 했다. 작년이라고 해서 자목련이 바람에 흔들리지 않을 리가 없다. 이 문장은 시인에게 뭔가 사연이 있음을 알려주고 있는 것이다. "자목련까지는 길이 너무 멀어/이제 막 왔나 보다"고 했는데, 그러고 보니 바람의 의미가 예사롭지 않고, 먼 거리는 보통의 거리가 아님이 분명하다. 생사의 거리, 이승과 저승의 거리가 아니고서는 저렇게 멀 리가 없다. "자목련을 흔드는 저것이/바람이구나"라는 구절은 '바람'의 존재에 대한 조심스러운 인식에서 의미의 돌연한 발견으로 나아가고 있음을 보여준다. 바람이 혹시 아내의 자취가 아닐까 생각하다가 아내의 전신轉身임이 확실하다는 생각으로 각성하였음을 말해주는 것이다. 죽었던 아내가 왔다. 바람이 된 아내가 저 자목련을 흔들어 자신이 돌아왔다고 신호를 보내고 있다. 그러나 이는 현실이 아니다. 아내의 부재, 그 빈자리를 새삼스럽게 일깨울 뿐이다. 시인은 자목련에 자신의 감정을 투사한다. 울상이 되어 "비죽비죽 입술을 비죽"이는 것은 자목련이 그런 게 아니라 시인이 그렇다는 것이다.

역시 아내가 떠난 자리에 아직 슬픔이 남아있다. 시간이 슬픔을 수거하지 못하고 있다. 중요한 것은 죽은 아내와 자신 사이의 닿을 수 없는 거리가 인식되고 있다는 점이다. 이는 아내의 죽음을 현실로 받아들이고 있다는 증거이기도 하다. 이제 혼란의 질곡에서 허우적거린다든지 아내의 부재를 부정한다든지 하는 일은 일어나지 않는다. 배우자의 죽음에 점령되어 있던 시간으로부터 벗어나 남아있는 자의 시간 속으로 들어오게 된다. 배우자와 공유하던 시간의 단풍들을 떨어냄으로써 다른 편에 있는 삶을 보기 시작한다. 세상은 닫혀 있었을지언정 잠겨 있지는 않았던 것이다.

마침내 '나보다 더 불쌍한 사람은 세상에 없다'는 자기연민의 수렁에서 빠져나와 인생의 보편적인 진실을 깨닫는, 정신의 확장과 성숙으로 이행할 때가 온다. 떠난 자에게 매몰되었던 시간을 회수하고 내 마음의 새집을 지을 때인 것이다. 그 사람의 집이 철거된 대지에는 그가 언제든지 찾아와 바람의 신호를 보낼 수 있도록 자목련 한 그루쯤 심어 두는 것도 좋을 것이다. 그와 처음 손을 잡던 날의 미세한 떨림, 그와 함께 보낸 친밀했던 순간의 영상, 밥 타는 냄새, 빨랫줄에서 펄럭이던 어린것의 하얀 기저귀로 채워진 작은 기억의 박물관 한 채를 그 옆에 세워도 좋을 것이다.

그러나 자목련은 날마다, 시간마다 흔들리는 게 아니다. 박물관은 거기 입주해 있으라고 지은 집이 아니다. 자목련은 자신을 감싸고 있는 화사한 햇빛을 끌어다 주고, 박물관은 그곳의 전시물과 현재하는 물목들을 구분해준다. 그리하여 애도의 시간은 마무리되고 살아갈 힘과 용기가 충전되기 시작한다. 동결되었던 얼음이 풀리고 우수雨水의 계곡에 물이 흘러 마음속 초목에도 싹이 돋는다.

아내가 죽자 항아리를 두드리며 노래 부른 장자의 경지까지 이르기란 어림없는 일이지만, 자신의 삶을 출발시킬 운동화 끈을 단단히 잡아매는 것만으로도 족하다. 그로써 자신의 정체성을 다시 세우고 자립심을 기를 수 있게 된다. 자식들이 전화를 걸어올 때마다 너희들의 삶을 망가뜨리지 않겠다고 결심하며 생활의 시간표를 작성하면 된다. 남아있는 사람은 이제 막 인생의 또 다른 사춘기를 가로질러 홀로서기를 시작하는 사람이다. 그는 이제부터 다른 사람의 삶 속으로 들어갈 수 있고 그 사람의 상처도 껴안을 수 있게 된다. 배우자 없이 노후를 잘 보내기란 쉽지 않겠지만 정서적 안정과 심리적 면역력은 회복되는 것이다. 그것이 노년의 품위 있는 홀로서기다.

요람에서 무덤까지
인생

 인생이란 무엇인가. 수많은 현자들이 그 답을 알아내기 위해 궁구했지만 그걸 찾아냈다는 소식을 듣지 못했다. 사실은 답이 없다는 것이 정답인지도 모르겠다. 정답은 없지만 인생에는 인류의 숫자만큼이나 많은 제각각의 풀이 과정이 있다. 그렇다고 해도 이 풀이 버전에는 반드시 들어가게 마련인 생生과 사死라는 변할 수 없는 상수常數가 있다. 그것을 작가 이문구는 소설 속 인물의 입을 빌려 "벗고 왔다가 입고 가는 게 인생"(『산 너머 남촌』)이라고 말한다. '공수래공수거空手來空手去'와 결이 비슷한 정의인 셈이다. "인생은 B(Birth)로 시작해서 D(Death)로 끝난다. 그 사이에는 C(Choice)가 있다."는 근사한 문장도 있다. 프랑스의 철학자 장 폴 사르트르가 한 말이라고 많이 알려져 있지만 정확한 출처를 밝힌 사람은 없다. 그래도 말은 맞다.

 네덜란드의 심리학자 다우어 드라이스마가 쓴 『향수를 불러일으키는 공장』에는 작자 미상의 그림이 한 편 소개되어 있다. 〈인생의 계단〉(1660년)이라는 제목의 작품이다.

가운데 정점을 중심으로 오르막과 내리막의 계단이 배치되어 있고, 각각의 계단 위에는 10년 단위로 나이에 따른 인물이 그려져 있다. 오르막 계단의 바닥에는 어린아이가, 첫 번째 계단 위에는 10대의 소년이, 두 번째 계단에는 20대의 청년이 자리 잡고 있다. 그다음 계단을 차지한 건 30대의 나이로, 화려한 깃발을 펼쳐 들고 서 있다. 이 황금기를 거쳐 40대에 이르면 무기를 손에 든 전사가 서 있는데, 아마도 전쟁터 같은 세상을 살아야 하는 인생살이의 고단함을 함의한 것일 테다. 50대를 마지막으로 해서 이제 그림 속 인생은 내리막길로 들어선다. 50대까지는 세상을 응시하고 있지만 60대부터는 세상에 등을 돌리고 있고, 빛도 사라져 어둡고 칙칙한 분위기를 드러낸다. 70대에 이르면 지팡이를 짚고 서 있고 80대의 내리막에 있는 노인은 허리까지 구부리고 마침내 침잠의 시기에 들어서 있음을 보여준다. 90대의 계단을 거쳐 어린아이의 자리와 대응되는 오른쪽 바닥에는 노인이 널브러져 있다. 결국 계단의 끝은 죽음인 것이다.

이 그림은 누구도 피해 가지 못할 삶의 단계를 보여준다. 태어나자마자 그때서부터 10대, 20대, 30대, 40대…의 계단을 순차적으로 밟게 된다. 중간 계단을 생략할 수는 있어도 한번 밟았던 계단을 되돌려 다시 밟을 수는 없다.

인생의 계단은 편도 여행이다. 성장에서 쇠락으로, 상승에서 하강으로 가는 길만 있을 뿐이다. 그리고 생과 사라는 상수 사이에는 인간 각자가 인생의 풀이 과정으로 내놓은 수많은 변수들의 집합이 자리를 차지하고 있다. 그 변수들을 한 시인은 '라면'으로 상상하고 있다.

>꼬이지 않으면 라면이 아니다?
>
>그럼, 꼬인 날이 더 많았던
>내 살아온 날들도
>라면 같은 것이냐
>
>삶도 라면처럼 꼬일수록
>맛이 나는 거라면,
>내 생은 얼마나 더 꼬여야
>제대로 살맛이 날 것이냐
>
>고속도로 휴게소에서
>이름조차 희한한 생라면을 먹으며,
>
>영락없이, 맞다, 생은 라면이다.
>― 오인태, 「라면 같은 시」

'생라면' 속에 삶의 진실이 들어 있다. 과연 '삶은 라면이다'. '꼬이지 않으면 라면이 아니'듯이 고속도로처럼 쭉 뻗은 인생도 인생이 아니다. 그런 인생은 없다. 꼬부라지고 비탈진 오르막과 내리막이 반복되며 그 가운데 웅덩이도 있고 평지도 있다. 인생의 길에서는 전망 좋은 쉼터도 만날 수 있지만 나도 모르게 지뢰밭에 들어가 있을 때도 있다. 변화무쌍이 있고 새옹지마가 있으며 전화위복이 있다. 고통이 있는가 하면 기쁨이 있고, 평화가 있는가 하면 번뇌가 뒤따른다. 오른쪽으로 꼬이는 칡인가 싶어 몸을 돌렸더니 왼쪽으로 감아 올라온 등나무가 목을 죄기도 한다. 그래서 생은 꼬인 라면인 것이다.

인생을 고통의 연속으로 보는 불교의 취의가 담긴 『불설비유경佛說譬喩經』에 '안수정등岸樹井藤'에 관한 이야기가 있는데, 절에서는 이를 그림으로 옮겨놓은 〈안수정등도〉를 통해 이것의 메시지를 전하고 있다. 안수정등이란 '절벽에 있는 나무와 우물 속 등나무'를 가리키는 것으로, 요약하면 이런 이야기다.

어떤 사람이 광야에서 사나운 코끼리에 쫓기게 되었는데, 피할 곳이 없었다. 그러다가 요행히 빈 우물을 발견하고는 얼른 그곳에 몸을 숨겼다. 마침 우물 옆에는 큰 나무가 있었고 우물 속으로 뿌리가 난 게 있어서 그걸 타고 안으로 들어갈 수 있었던 것이다. 그런데 가만히 보니 우물 가장자리에서는 네 마리의 독사가 혀를 날름거리고, 바닥에서는 독룡毒龍이 그를 기다리고 있는 게 아닌가. 설상가상으로 흰 쥐와 검은 쥐까지 교대로 그가 붙잡고 있는 나무뿌리를 갉아대고 있었다. 그 절체절명의 순간에 나무에 달려 있던 벌통에서 꿀이 떨어지는 것을 보고 나그네는 한 방울이라도 놓칠세라 정신없이 꿀을 빨아 먹는다. 그때 나무가 흔들리는 바람에 벌들이 날아와 그 사람을 쏘아대는데, 마침 또 들판에서는 불이 일어나 그 나무를 태우고 있다. 이 신랄한 『불설비유경』의 말씀인즉, 그게 바로 인생이 아니겠는가, 라는 것이다.

세존께서 이를 풀어서 말씀하셨다. "광야란 어리석고 미혹한 인생을 말함이요, 그 사람은 범부중생을 가리키는 것이다. 코끼리는 덧없음을, 우물은 나고 죽음을 빗댄 것이고, 나무뿌리는 수명을 뜻하는 것이다. 검은 쥐와 흰 쥐 두 마리는 밤과 낮이라는 시간을, 나무뿌리를 갉아대는 것은 우리 수명이 시나브로 사라져 감을 비유한 것이다. 네 마리 독사는 우리 몸을 이루는 근본 요소를, 벌꿀은 오욕락五欲樂을, 벌은 삿된 생각을 의미하는 것이다. 들판의 불은 늙음과 병듦에, 독룡은 죽음에 해당하는 것이다."

인생이란 수많은 순간의 층층한 총합이다. B에서 시작해서 D로 끝나는 그 사이에 삶의 실존 조건들이 조밀하게 얽혀 있다. 그러나 그것도 지나고 보면 바닷물에 모래 한 움큼을 쥐고 흔들 때처럼 손안에 남는 것이 별로 없다. 등나무 뿌리 하나를 움켜쥐고 꿀방울을 핥을 시간도 얼마 남지 않았다. 인생, 참 짧다. 이런 시가 있다.

저녁에 닿기 위하여 새벽에 길을 떠난다.

　나호열 시인의 한 줄짜리 시인데, 제목이 「집과 무덤」이다. '새벽'이 생의 시작을 빗댄 것이라면 '저녁'은 죽음을 가리키는 환유다. 시인의 문장에 의하면 인생의 시간은 결국 죽어서 무덤에 가는 데 걸리는 '새벽부터 저녁까지'의 거리일 뿐이다. 새벽에 길을 떠나 저녁에 이르는 것이 인생이라니, 인생 별것 아니다. 천안 살던 김명배 시인은 인생을 더 짧게 말했다. 살아보니 "목천에서 천안삼거리 온 것만 하"더라는 것이다. 시간으로 따지면 자동차로 10분이면 당도하는 거리다. 그럼 이런 시는 또 어떤가.

　　늦가을 청량리
　　할머니 둘
　　버스를 기다리며 속삭인다
　　"꼭 신설동에서 청량리 온 것만 하지?"
　　　　　　　　　　　　　　　　— 유자효, 「인생」

　인생을 지리적 거리로 환산하면 버스로 네댓 정거장 거리다. 전철로 치면 더 빠른데, 중간에 제기동역을 거쳐 4,5분이면 도착하는 거리가 시인이 말하는 인생행로다. 인생의 이 같은 '짧음'에 대하여 동서의 인사들이 많은 통찰을 남겼다. 소설가 전상국은 "화살이 시위를 벗어나 과녁에 맞는 그 순간까지가 인생"(「꾀꼬리 편지」)이라고 했고, 중국의 시인 백거이는 한술 더 떠 부싯돌이 번쩍하는 불꽃의 길이가 바로 사람의 인생이라고 과장했다. 백인들의 침략에 맞서 끝까지 항쟁하다 죽은 블랙풋 인디언의 추장 크로우풋은 이렇게 말했다. "잠시 후면 나는 사라질 것이다. 어디로 사라지는지는 나도 알 수 없지만, 우리는 모를 곳에서 와서 모를 곳으로 간다. 인생이란 무엇인가? 인생이란 한밤중의 반딧불 빛이다. 인생은 겨울 들소의 숨결이다. 인생은 풀밭을 가로지르다가 해가 지면 사라지는 작은 그림자다."

천 년이든 만 년이든 지상의 존재에는 다 끝이 있다. 오래 살다보면 다 아는 이치지만 젊은 나이에도 어떤 이는 이걸 알아차린다.

> 인생도처지하사人生到處知何似
> 응사비홍답설니應似飛鴻踏雪泥
> 사람살이 머문 곳이 무엇과 같은지 아시겠는가?
> 눈 위에 잠시 쉬어간 기러기 발자국 같은 것

설니홍조雪泥鴻爪, 인생의 자취가 눈 녹은 뒤의 기러기 발자국처럼 흔적 없이 사라지는 것을 이렇게 표현했다. 중국 송나라 때의 문인인 소동파蘇東坡가 그의 동생 소철蘇轍에게 지어 보낸 「화자유민지회구和子由澠池懷舊」라는 시에 나오는 구절이다. 스물여섯 살에 지은 시인데 위대한 시인이라서 그랬던 걸까, 인간사 이치를 참으로 빨리도 깨달았다. 나 같은 범인들은 소통파가 깨달았던 시간의 두세 배를 넘기고 생애의 우여곡절을 겪은 후에라야 조금씩 알아갈 수 있게 된 것을.

어떤 사람은 단풍 든 잎을 매단 채 삭풍에 몸을 맡기고 있는 나무처럼, 어떤 사람은 밀물이 들어오는 모래사장에다 새긴 글씨처럼, 어떤 사람은 먼 바다 수평선을 기웃대는 일몰의 햇살처럼 얼마 남지 않은 생의 잔여분을 붙들고 있다. 그리고 다들 천천히 사라져 갈 것이다. 돌이켜 생각해 보건대 인생은 고해苦海이지만 그조차도 짧고 무상한 것이다.

그러나 칼 세이건이 위대한 저작 『코스모스』에서 했던 말을 상기해 보자. 그가 비교를 통해 가늠한 바에 의하면 "수정란이 나팔관을 지나 자궁에 착상할 시간이면 지구를 떠난 아폴로 11호는 달에까지 갈 수 있다. 수정란이 자궁에서 성장하여 아기로 태어날 즈음 바이킹 우주선은 화성에 도착한다. 인간의 평균 수명은 보이저 우주선이 명왕성 궤도를 벗어나 위험을 무릅쓰고 태양계 바깥으로 나설 때까지 걸릴 시간보다 길다." 수정란에서 출발한 인간의 생애는 지구를 떠난 우주선이 태양계 바깥까지 나갈 만큼의 거리에 해당하는 시간 이상인 것이다. 우주적 견지에서 보면 인간의 삶이란 눈 한 번 깜박일 동안에도 미치지 못할 정도로 짧은 것이지만 또 다른 우주적 견지에서는 태양계 바깥까지 여행할 수 있는 긴 시간이기도 한 것이다.

결국 시간을 어떻게 보느냐 하는 관점과 태도의 문제가 우리 인생에 깊숙이 개입되어 있는 것이다. 태도는 우리의 과거를 보여주고 우리의 현재를 말해주며 우리의 미래를 예언한다. 태도에 따라 우리 인생은 보잘것없는 것도 되지만 길고 의미 있는 것이 될 수도 있다.

하루살이는 오래 살아봐야 최대 3주일이다. 입이 퇴화하였기 때문에 먹지도 않고 날기만 한다. 1년의 시간을 유충으로 기다린 끝에 태어나서는 다른 하루살이의 꽁무니만 정신없이 뒤쫓다가 짝짓기를 하고 생을 마감한다. 그야말로 허무다. 인간의 시간도 하루살이의 시간과 크게 다르지 않다. 그러나 인간은 시간을 늘려 쓸 줄 안다. 성경에 나오는 '오병이어五餠二魚'의 기적처럼 우리는 '시간의 오병이어'를 만들어내기 위해 시계의 시간을 넘어설 줄 안다.

하루살이는 몸 안에 고작 알이나 채울 뿐이지만 인간은 늘린 시간의 몸에 인간의 온갖 생기와 감동, 선의와 가치들을 새겨 넣을 수 있다. 그래서 누구는 100년을 살고도 하루살이처럼 산 게 되지만, 또 다른 사람은 70년을 살고도 700년을 산 것 같이 살 수 있게 되는 것이다.

인생의 아침부터 저녁까지 우리는 수많은 순간들을 헤쳐 가며 길을 걷는다. 가족들과 밥을 먹고 버스를 타고 출근을 한다. 쇼핑을 하고 여행을 떠난다. 조카의 결혼식에 참석하고 친구 어머니의 장례식에 가서 조문을 한다. 동창들 모임에 가서 진보가 어떻고 보수가 어떻다며 열변을 토하다가 최근의 아파트 시세에 풀이 죽어 돌아온다.

그렇게 만나고 헤어지고 울고 웃고 부대끼는 이 일상들을 어떤 목표를 이루기 위한 도구로만 쓰게 되면 그 순간들은 아무것도 보여주지 않는다. 그 무의미한 순간들은 잊히고 소멸한다. 일 년 전의 일은 고사하고 일주일 전의 금요일 저녁에 무엇을 먹었는지 기억하지 못하는 이유다. 일상의 순간들은 그렇게 소멸하는 것이므로 생이 짧다고 느낄 수밖에 없다.

그러나 순간들 하나하나를 생의 풍경이자 의미, 생명 속에 고동치는 리듬이자 생기로 만들 수만 있다면 우리의 시간은 '오병이어' 이상의 풍성한 것이 될 수 있으리라. 미국의 국민시인이라 불리는 마야 안젤루는 "인생은 숨 쉰 횟수가 아니라 숨 막힐 정도로 벅찬 순간을 얼마나 많이 가졌는가로 평가된다."고 했다. 유난스런 사람의 계산에 의하면 사람은 칠십 평생에 오억 사천사백만 번 숨을 쉰다. 일 년이면 칠백칠십칠만 번이고, 하루 동안에는 이만 천삼백 번의 숨을 쉬는 셈이다. 인생의 길이가 물리적 호흡의 횟수로 환산되는 게 아니라면 당신은 지난 일 년간 숨이 멎을 만큼 가슴 벅찬, 또는 가슴 설레는 몇 번의 시간을 가졌는가. 지난 3일간 짜릿했던 순간, 또는 경탄과 전율의 순간을 얼마나 가져보았는가?

자연주의자 소로가 말한 것처럼, 당신은 몇 번이나 '아침 산책에 대한 기대와 설렘으로 잠을 떨치고' 일어났으며, '도시의 찌든 벽돌담 어딘가에서 무한의 운율을 가진 새를 발견'해 보았는가. 고은의 시구처럼 "올라갈 때 못 본 그 꽃, 내려갈 때 보는" 찰나의 각성을 경험해 보았는가. 윌리엄 워즈워스는저 하늘의 무지개를 보고 가슴이 뛰지 않는다면 '차라리 죽는 게 나으리'라고 다소 과격하게 말했지만, 시인이 한 말의 요지는 숨 쉬고 먹고 산 것만으로는 제대로 된 인생이 아니라는 것이었을 거다. 인생에는 의미 있는 순간들이 필요한 거다.

집에서 무덤까지 가는 데 걸리는 시간은 새벽에서 저녁까지였다. 아니면 부싯돌이 번쩍하는 불꽃의 길이만큼의 거리였다. 〈안수정등도〉에서처럼 독룡의 먹이가 되는 줄도 모르고 눈앞의 꿀 한 방울에 아등바등해온 것도 고작 이 짧은 시간에 불과했다. 그래서 세존께서는 '안수정등'이라는 숙명적 실존의 우물을 뛰어넘어서라고 말씀하시는 것이다.

어떻게 살 것인가. 이는 태도의 문제고 선택의 문제다. 나무는 키가 성장할수록 깊고 넓게 뿌리를 내린다. 인생의 길이가 짧다고 탄식할 것인지, 그 시간에 나무처럼 줄기를 높이고 깊이를 천착하는데 힘쓸 것인지 우리의 태도를 결정해야 한다.

내적 떨림의 시간으로 충만한 인생으로 살아갈 것인지, 하루살이처럼 뱃속에 알만 가득 채운 인생으로 살아갈 것인지 선택해야 한다. "인생은 B로 시작해서 D로 끝난다. 그 사이에는 C가 있다."는 문장을 다시 한번 음미할 필요가 있다. B와 D 사이를 무엇으로 채울 것인지는 그야말로 자신의 선택이다. 사전을 펼쳐보면 무수한 'C'들이 우리의 선택을 기다리고 있다.

chance(우연), challenge(도전), change(바꾸다), cheer(활기), calm(고요), comfortable(기분 좋은), celebrate(축하하다), confidence(신뢰) 들이 있는가 하면 concern(걱정), collapse(의기소침), crazy(미치광이), crack(갈라지다), cloud(구름), conflict(갈등) 들도 인생 사전의 목록이다.

"무엇이든 자신이 태어나기 전보다/조금이라도 나은 세상을 만들어 놓고 가는 것,/자네가 이곳에 살다 간 덕분에/단 한 사람의 삶이라도 더 풍요로워지는 것,/이것이 바로 성공이라"는 랄프 왈도의 성공론을 삶의 지침으로 삼는다면 무엇을 선택할지는 더욱 분명해진다. 우리는 짧지만 길게 살 수 있다.

다시 오지 않는 봄
청춘

 청춘은 우리가 청춘이었을 때는 그리 절실하게 다가오지 않던 단어였다. 청춘일 때는 청춘인 줄을 몰랐었다. 무엇이든 맞닥뜨릴 때는 그 가치를 모른다. 원경遠景으로 놓고 봐야 아름다움이 더 잘 보인다. 깎아지른 벼랑도 멀리 보면 절경이 된다. 다 시간의 거리를 얻어야만 알게 되는 것이다.

 민태원의 수필 「청춘예찬」을 읽을 때도, 그때가 막 청춘의 초입에 들어설 때였지만 가슴이 그닥 설레지 않았다. "청춘! 이는 듣기만 하여도 가슴이 설레는 말이다." 이 문장은 청춘을 떠나보낸 사람의 말일 수밖에 없다. "너의 두 손을 가슴에 대고 물방아 같은 심장의 고동을 들어 보라"고 했지만 그때는 심장의 고동 소리 같은 것이 들려오지 않았다.

 청춘의 곁을 떠나고 보니 그립고 간절한 마음이 마치 망망대해에서 닿을 수 없는 육지를 바라보는 심정과 같은 것이 되고 말았다. 그리움이란 시간의 거리와 공간의 격리가 불러일으키는 감정이다. 나이가 들수록, 젊음의 자리에서 멀어질수록 지나간 시절에 대한 그리움은 커져만 간다. 그러므로 청춘, 이는 잡히지 않지만 듣는 이를 설레게 하는 신기루 같은 것인지도 모른다. 신기루란 무엇인가. 밀도가 다른 공기층 때문에 빛이 꺾여, 실제 위치가 아닌 곳에 풍경이나 물상이 보이는 현상이다.

청춘의 삶의 밀도와 노년의 삶의 밀도는 다르다. 빛의 원리를 적용하지 않더라도 노년의 시점에서 과거를 돌아보는 시선은 굴절되게 되어 있다. 이것이 청춘을 그리워하게 만드는 이유다.

지금 생각해 보면 혈기 방장했던 그때가 좋았다. 그러나 누구나 알고 있듯이 한 번 흘러간 물은 돌이킬 수 없는 것이어서 지나간 청춘의 강물도 결코 다시 돌아오지 않는다. 흘러가는 강물을 바라보면서 사람들은 구슬픈 노랫가락에 감정을 얹어본다. "청춘을 돌려다오 젊음을 다오/황혼길 인생의 애원이란다/……청춘아 내 청춘아 어딜 갔느냐".

흔히들 말한다. 나이 들고 보니 유행가 가사가 죄다 자기 얘기를 하는 것 같다고. 그렇게들 노래 속의 가사에 감정이입을 하는 것이다. 통속이라고 하지만 이는 대중가요가 대중의 통속적 욕망을 반영한다는 사실을 반증한다. 젊음에 대한 욕망은 동서고금 언제 어디에도 예외가 없다. 그래서 모두들 젊음으로의 회귀를 꿈꾸고 상상하는 것이다.

이집트 과학을 연구하던 미국의 에드윈 스미스라는 사람이 1862

년에 사들인 오래된 파피루스가 있다. 이 파피루스는 기원전 2800년에서 2700년 사이에 만들어진 것으로 추정되는 현존하는 가장 오래된 의학 문헌으로, 수집가의 이름을 따서 에드윈 스미스 파피루스라고 부른다. 그런데 이 문헌의 제목이 '노인을 20세 젊은이로 바꿔놓는 책'이라는 것이다. 나중에 브레스티드라는 미국의 학자가 이 책을 번역·음역해서 출간했는데, 노화를 해결하는 특별한 연고를 만드는 비결과 그 사용법이 담겨있다. "이 약은 얼굴에서 주름을 없애준다. 이것을 피부에 문질러 바르면 피부를 아름답게 하고 잡티, 흉터, 노화의 흔적 등 피부에서 미관을 해치는 온갖 결점을 제거해준다." 효과가 입증된 건지는 알 수 없지만 기원전 당대인의 안티에이징에 대한 소망만은 확실히 알려준다.

대중의 욕망을 반영하기 위한 인간의 상상은 한이 없다. 독일의 루카스 크라나흐Lucas Cranach the Elder라는 화가는 주름을 없애는 정도가 아니라 아예 노인의 몸을 젊음의 몸으로 환골탈태시키는 재주를 부렸다. 1546년에 그린 「청춘의 샘The Fountain of Youth」 얘기다. 그림 속 왼편에는 마차에 타고 있는 한 떼의 노인들이 있고, 그 아래로 늙은 사람 셋이 업히거나 들것과 수레에 실려 목욕탕 같은 샘으로 가고 있다. 20명이 넘는 노인들은 탕 안에 몸을 담그고서 늙음을 씻어내고 있다. 벌써 팽팽한 처녀로 변신한 얼굴도 여럿 눈에 띈다. 늙음도 씻어버리거나 닦아낼 수 있는 걸까. 그림 오른편엔 탕 밖으로 나온 '젊어진' 사람들이 있다. 기사의 안내를 따라 천막으로 들어가서 새 옷을 입고 청춘이 되어 나온다.

그런데 여기서 잠깐, 그림에 대한 설명을 멈추고 질문을 하나 해야겠다. 우리는 왜 젊어지려고 하는가. 청춘으로 돌아가면 무얼 하려는가. 그림이 보여주는 대답은 이렇다. 먹고 마시고 즐기는 것. 생명의 빛이 감도는 풀과 나무를 배경으로 청춘들은 잔치를 벌이고 악사의 연주를 들으며 춤을 춘다. 또는 무성한 나뭇잎 뒤에서 은밀한 사랑을 속삭인다. 젊음을 욕망한 이유가 고작 이런 환락 때문이었다니! 그래서 버나드 쇼가 "젊음은 젊은이에게 주기에는 너무 아깝다"고 말한 것인지도 모르겠다.

젊음으로의 복귀가 쾌락을 얻기 위함이었을 때의 결과에 도덕적 물음표를 던지는 고전이 있다. 오스카 와일드의 장편소설 『도리언 그레이의 초상』은 영혼과 바꾼 젊음의 쾌락이 인간을 어떻게 파괴하는지를 실감 나게 묘사한다.

주인공 도리언 그레이는 아름다운 외모와 부와 젊음을 모두 갖춘 청년이다. 소위 말하는 엄친아인 셈이다. 타락의 매개자인 헨리 경은 도리언에게 접근하여 젊음과 아름다움은 일시적인 것이니 쾌락적인 삶을 누리라고 권한다. 이 말을 수긍한 도리언은 자신을 그린 초상화를 앞에 놓고 '자신은 영원히 젊음을 간직하고, 그림이 자기 대신 늙었으면 좋겠다'는 소원을 빈다. 신이 그의 요청을 받아들여 그는 늙지 않았지만 초상화 속 그의 모습이 늙어가기 시작한다. 그가 타락의 늪에 빠져들수록 초상화는 흉측한 늙은이로 변해 가는

데, 그 타락의 중심에는 책임지지 않는 사랑과 쾌락의 추구가 있었다. 그리고 마침내 그가 죽음을 맞이했을 때 그의 시체는 주름과 검버섯으로 뒤덮이고 초상화는 젊고 매력적인 모습을 회복한다. 분에 넘치는 욕망이 가져온 비극이다. 소설 후반의 인상적인 구절이 전하는 메시지도 새겨둘 만하다. "노년의 비극은 사람이 늙었다는 사실 때문이 아니라, 겉은 늙었어도 마음은 여전히 젊다는 데 있지". 몸은 늙는데 마음만 늙지 않겠다면, 그건 욕심 아닌가.

이쯤 해서 악마에게 영혼을 팔아넘긴 파우스트 얘기를 안 할 수가 없다. 『파우스트』 역시 『도리언 그레이의 초상』과 같은 맥락에서 읽을 수 있다. 당대 최고의 학자 파우스트가 자신의 늙은 육신과 학문 수준에 절망하다가 메피스토펠레스의 제안에 따라 계약을 맺는다는 내용이다. 생전에는 자신의 모든 욕망을 충족시키는 대신, 죽은 뒤에는 영혼을 메피스토펠레스에게 내주겠다는 것이 계약의 내용이다. 영혼을 저당 잡혀 청춘을 되찾은 파우스트에게 청순한 처녀와의 달콤한 사랑은 만권의 책과도 바꿀 수 없는 것이 되었다. 그러나 비뚤어진 욕망은 순박한 처녀의 몸과 마음을 파탄에 이르게 하고 주변 사람들을 고통으로 몰아넣는다. 그레트헨은 파우스트의 유혹에 빠져 결국 어머니와 오빠를 죽게 만들고, 파우스트와의 사이에서 낳은 아이마저 물에 빠뜨려 죽인 죗값을 치러야 했다. 폭주하는 청춘의 무한욕망, 그것은 자신을 포함한 모두를 죽이고 나서야 작동을 멈추었다.

파우스트가 "멈추어라! 너 정말 아름답구나."라고 말한 그 '순간'은 결코 영원한 정지 상태가 될 수 없다. 그것이 아름다웠다면 순간이기 때문에 아름다운 것이리라. 청춘이 아름다운 것이라면 그것도 인생의 한순간이기 때문에 그립고 아쉬운 것. 사실 영원한 청춘이란 지켜질 수 없는 약속이다. 봄은 다시 올지라도 청춘의 봄은 다시 오지 않는다. 따라서 나이가 들면 몸도 마음도 늙어야 자연스럽다. 몸은 늙어도 마음만은 청춘이라고 하지만 그건 착각이고 환시고 허영이다. 어떤 사람은 몸보다 정신이 훨씬 빨리 늙지 않던가.

그런 점에서 나는 우탁이 읊은 시구가 옳다고 본다. "늙지 말고 다시 젊어 보려했더니 청춘이 날 속이고 백발이 다 되었구나." 늙음을 한탄하면서도 인간의 힘으로 어쩔 수 없는 '늙어감'의 이치를 해학으로 꿰뚫고 있다. "한 손에 가시 쥐고 또 한 손에 막대 들고 늙는 길 가시로 막고 백발은 막대로 치려 했더니 백발이 제 먼저 알고 지름길로 오더라". 어떤가. 여유와 달관이 느껴지지 않는가. 신기루 같은 청춘의 망령에 사로잡히지 않고, 껄껄 웃으며 늙음을 받아들이는 우탁의 태도에 품위가 느껴진다.

백발 성성한 노년은 자신의 한 생애의 끄트머리쯤을 바라보며 천천히 고요에 잠겨가는 시기이다. 번뇌도 방황도, 사랑도 아픔도, 일도 분주함도 이제는 모두 과거라는 그림자를 길게 드리우는 시기이다. 바꿀 수 없는 것은 순순히 받아들이고, 짊어질 수 없는 것은 내려놓고, 돌아갈 수 없다면 돌아보는 것으로 만족해야 하는 시기이다. 고집보다 수용이 힘이 있고, 비판보다 관용이 더 강하며, 냉소보다 공감이 생기 있고, 불평보다 인내가 품이 넓다는 통찰에 이르는 때이다. 이것이 백발의 정신이라고 생각한다. 그리고 이 정신은 백발의 얼굴에, 태도에 고스란히 배어 나와야 하는 것이다.

  흔히 청년은 쌓아놓은 장작에 불을 붙여 활활 타는 불꽃의 시기로 비유된다. 거기서 우리는 힘차게 솟아오르는 생명력을 본다. 노년은 그 불더미에서 숯을 얻어 꾹꾹 눌러 담은 화롯불쯤 될 것이다. 회색 재로 덮여 있지만 살짝만 제치면 불꽃이 빨갛게 피어나는 화롯불이다. 그 화로 재 안에 숨은 불을 우리는 이상이라 불러야 할까, 새로움이라 불러야 할까. 아니면 희망이라고 해야 할까, 백발의 정신이라고 해야 할까.

    청춘이란 인생의 어떤 한 시기가 아니라
    마음가짐을 뜻하나니
    장밋빛 볼, 붉은 입술, 부드러운 몸매가 아니라
    풍부한 상상력과 왕성한 감수성과 의지력
    그리고 인생의 깊은 샘에서 솟아나는 신선함을 뜻하나니

    청춘이란 두려움을 물리치는 용기
    안이함을 뿌리치는 모험심
    그 탁월한 정신력을 뜻하나니

때로는 스무 살 청년보다 예순 살 노인이 더 청춘일 수 있네.
누구나 세월만으로 늙어가지 않고
이상을 잃어버릴 때 늙어가나니

(……)

영감이 끊기고 정신이 냉소의 눈에 덮이고
비탄의 얼음에 갇힐 때
그대는 스무 살이라도 늙은이가 되네.
그러나 머리를 높이 들고 희망의 물결을 붙잡는 한
그대는 여든 살이어도 늘 푸른 청춘이네.

유태계 미국 시인인 사무엘 울만이 78세에 썼다는 「청춘」이라는 시다. 청춘은 자연 나이의 문제가 아니라는 것인데, 돌아보면 우리 주변에는 애늙은이도 있고 '늘 푸른' 백발도 있다. 나이와 상관없이 상상력과 감수성을 잃으면 질화로의 불은 식어간다. 나는 이 시에서 특히 "인생의 깊은 생에서 솟아나는 신선함"이라는 구절을 오래 마음에 담아둔다. 나는 들소의 거친 콧김 같은 열정은 이제 가질 수 없다 하더라도 나의 생애만큼 깊어진 정신의 샘에서 길어 올리는 신선한 물처럼 살았으면 좋겠다. 그 물을 맛보며 아, 하고 짜릿한 감탄을 쏟아낼 수 있다면 더 좋겠다. 안젤름 그륀 신부의 『노년의 기술』

에서 읽은, 슈바이처가 썼다고도 하고, 맥아더가 썼다고도 하는 다음 문장에서도 사무엘 울만의 시만큼 감동이 따라온다.

> 사람은 이상에 작별을 고할 때 늙는다. 살아온 햇수가 늘어나면 피부가 쭈글쭈글해지지만 감동하기를 포기하면 영혼이 쭈글쭈글해진다. 사람은 그의 신념만큼 젊어지고, 회의만큼 늙는다. 그의 자신감의 높이만큼 젊어지고, 두려움의 키만큼 늙는다. 그의 희망만큼 젊고, 절망만큼 늙는다. 아름다움과 기쁨, 과감성과 대범함이 그의 마음속에 있다면 그는 젊다.

우리 몸의 학적부
나이

　어쨌든 몸은 늙어가게 되어 있다. 더 이상 청춘의 몸으로 돌아갈 수는 없다. 계절의 봄은 다시 올 수 있어도 우리 몸의 봄은 다시 오지 않는다. 인생에, 몸에, 도돌이표라는 것은 없다. 신체기능은 날이 갈수록 떨어지고 병원에 갈 때마다 처방받는 약의 가짓수는 늘어난다. '나이는 숫자에 불과하다'고 하지만 그 말을 하는 사람이나 듣는 사람이나 그럴 리가 없다는 것은 모두가 다 안다. 내 몸은 지금보다 더 이상 좋아지지 않을 것이다. 오늘의 나와 10년 전의 내가 똑같을 수 없다는 것은 누구보다 자신이 더 잘 알고 있지 않은가.

　언젠가 혼자 산에서 내려오고 있는데 길에서 마주친 꼬마 아이가 제 엄마에게 큰 소리로 말했다. "할아버지다!" 그랬다. 나는 어느새 어린아이의 눈에 할아버지였던 것이다. 나도 몰랐던 나이를 그 아이가 각성시켜 준 것이다. 살짝 마음에 동요가 일어났지만 생각해 보니 할아버지가 맞았다. 백화점에 가도, 병원에 가도 나는 '아버님'으로 대접받고 있었다. 외모가 나이를 알려주고 있던 것이다. 나이가 드는 것, 곧 늙어가는 것은 자연스런 현상이었다. 그걸 왜 나는 모른 척했을까.

자기 몸은 타자의 시선이나 거울에 투사되지 않으면 잘 보이지 않는다. 그래서 자신을 노년으로 바라보는 타자의 시선을 자연스럽게 받아들이지 못한다. 어느 날 아침 쑥대머리를 한 자신의 헝클어진 모습을 우연히 거울에 비춰보다가 화들짝 놀라는 이유도 그런 데 있다. 그동안 나만 몰랐던 진실이 거울 앞에 맨 모습으로 드러나 있다.

타자의 시선도 거울의 일종이다. 그러나 그 거울은 직설적 화법을 쓰지 않는다. '젊어 보이세요', '참 동안이시네요'라고 말한다. 이런 말을 들으면 슬며시 기분이 좋아지지만, 사실 그 말은 당신도 이제 나이가 많이 들었다는 뜻에 불과하다.

탈무드의 전설에 의하면 인류의 처음에는 노화의 흔적이 겉으로 나타나지 않았다. 아흔아홉 살이나 차이가 났지만 아브라함이 아버지인지, 이삭이 아버지인지 남들은 부자 간의 관계를 식별할 수가 없었다. 그래서 아브라함이 신에게 간청했다. 누가 아버지이고 누가 아들인지를 알아볼 수 있게 해달라고. 신이 그럴 만하다고 여겨 사람의 용모에 나이라는 옷을 입혔다. 나이가 들면서 주름이 생기고 목살이 늘어지고 검버섯이 생긴 것은 그런 연유였다. 다시 신에게 옛날로 되돌려달라고 말해도 이제는 소용없는 일이 되었다.

어떤 시인은 "숫자가 내 기를 시든 풀처럼/팍 꺾어놓는구나"(문정희, 「마흔 살의 시」)라며 탄식했다. 물론 어떤 때, 자기 나이에 자기가 무너지는 날이 있기는 하다. 그러나 사실 노년은 누구나 될 수 있지만 아무나 되는 것이 아니다. 뻔한 말이지만 오래 사는 사람만이 노년에 이를 수 있다. "늙는 것을 한탄하지 마라. 수많은 사람들은 그 특권조차 누리지 못한다."는 스튜어트 J. 올샨스키의 말을 수긍해야 한다. 오래 산다는 것은 아무나 받을 수 있는 선물이 아니기 때문이다.

이런 이야기가 있다. 세계 각국의 수도회를 대표하는 수녀님들이 한자리에 모였다. 공식적인 회의가 끝나고 나서 이들의 관심사에 관한 대화가 이어졌다. 그곳에서도 역시 수녀님들의 주된 관심사는 노년 문제였다. 수녀님들 역시 은퇴한 이후의 생활에 무심할 수가 없기 때문이었다. 그때 아프리카에서 온 수녀님이 말했다. "여러분은 그런 것까지 걱정해야 하는군요. 우린 노년 문제엔 관심이 없어요. 평균 수명이 마흔다섯이거든요."

언젠가 읽은 책에서는 아프리카 어린이들의 최고 꿈이 어른이 되는 거라고 했다. 평균 수명이 40대 중반인 나라에서 많은 어린아이들은 평생 어른이 되지 못하고 저세상 사람이 되고 만다. 그러니 야생의 풀처럼 종족번식을 위해서는 일찌감치 결혼을 해서 일단 애부터 낳고 보아야 한다. 우리도 예전에는 그랬다. 논둑에 둑새풀이나 채마밭에 냉이들처럼 살았다. 이 풀들은 봄이 되자마자 후딱 꽃을 피우고 씨앗을 만들어 온 들판에 퍼트린다. 농부가 논밭을 갈러 오기도 전에 벌써 내년 아무 때나 꽃을 피울 수 있게 조치를 다 해두는 것이다.

평균수명이 짧은 나라들치고 그것 때문에 인구가 감소하는 나라는 없다. 죽을 애들은 죽고 사는 사람은 살아 그나마 종족은 유지된다. 그런데 문명이 발전하지를 않는다. 문명이나 문화는 나이의 원숙함과 경험의 축적을 통해 비로소 만들어지는 것이기 때문이다. 수명이 짧은 아프리카 사회에는 문명의 지속성을 견인해 줄 그런 성숙한 어른이 부족하다. 평균수명이 짧은 나라일수록 오랫동안 기다려야 성과를 얻을 수 있는 일에 인내심을 가지고 뛰어들기가 어렵다. 그러므로 나이가 들고 노년에 이른다는 것은 종의 유지에서 한 걸음 더 나아가 인간다움의 기틀을 마련해 놓는 역할로서의 가치가 있다.

지금은 많은 사람이 웬만하면 노년을 맞이하게 되는 시대가 되었다. 그러나 나이 들어간다는 것이 그저 막연하게 생명의 연장 정도로만 이해되어서는 곤란하다. 사람이 한 해 한 해 늘어나는 것이 오로지 나이뿐이라면 우리 삶이 얼마나 무의미한 일이겠는가.

나이는 먹는 것이 아니라 거듭하는 것이라는 말도 있다. 나이는 거듭거듭 칠을 더할 때마다 빛을 더해가는 옻과 같아야 한다. 더께더께 쌓인 때가 아니라 바를수록 윤이 나는 칠기처럼 살아간다면 나이를 더하는 일은 축복이 된다. 미치 앨봄이 쓴『모리와 함께 한 화요일』에서 모리 교수가 하는 말도 나이가 쌓여가는 것의 의미를 되새기게 해준다.

> "사실, 내 안에는 모든 나이가 있네. 난 세 살이기도 하고, 다섯 살이기도 하고, 서른일곱 살이기도 하고, 쉰 살이기도 해. 그 세월을 다 거쳐 왔으니까, 나는 그때가 어떤지 알지. 어린애가 되는 것이 적절할 때는 어린애인 게 즐거워. 또 현명한 노인이 되는 것이 적절할 때는 현명한 어른인 게 기쁘네. 어떤 나이든 될 수 있다는 것을 생각해 보게. 지금 이 나이에 이르기까지 모든 나이가 다 내 안에 있어."

젊은 사람의 안에는 그 사람이 살아온 때까지의 나이밖에 없으므로 예순 살이나 혹은 일흔 살이 들어 있지 않다. 어린아이의 안에는 어른의 나이가 들어 있지 않은 것이다. 노인들이 농담처럼 항변하는 말, "너 늙어봤니? 나는 젊어 봤다."의 느낌을 모리 교수는 완곡하게 상기시키고 있다. 모든 나이를 다 가지고 있는 노년이란 부유함의 또 다른 상태를 말한다. 정신의 부유함, 추억의 부유함, 경험의 부유함. 그래서 나이를 연륜이라 일컫지 않던가.

나무도 지나간 시간을 모조리 간직하고 있다. 노목에는 한 살의 나이와 서른 살의 나이, 일흔 살의 나이가 다 들어 있다. 나이가 들어갈수록 나무는 늠름하다. 나무는 나이 들었다고 봄부터 단풍 든 잎을 피우며 늙은 체하지 않는다. 어느 나무 할 것 없이 봄이 되면 푸른 잎과 꽃을 피워낸다. 나무는 나이테를 늘여갈지언정 결코 푸름을 잊는 법이 없다. 나무에게 배워야 하는 이유다.

문정희 시인은 「나무학교」라는 시에서 이렇게 말한다. "나이에 관한 한 나무에게 배우기로 했다/해마다 어김없이 늘어가는 나이/너무 쉬운 더하기는 그만두고/나무처럼 속에다 새기기로 했다". 나이테는 하나 더하기 하나 더하기 하나…, 이런 식의 단순한 덧셈의 결과가 아니라 그때그때의 모든 사연과 경험을 새겨 넣은 경륜의 성장사다. 어떤 해의 기록적인 가뭄, 빙하기가 온 듯한 강추위의 경험까지 조회할 수 있는 나무의 학적부다.

나무처럼 나이 들어가야 한다. 나무는 세월의 흐름은 몸속 깊숙이 감추면서 총총히 뻗은 가지와 잎으로 그늘을 만든다. 누군가에게는 등받이가 되고 누군가에게는 둥지가 되어주며 누군가에게는 쉼터가 되어 준다. 이것이 나무의 덕성이고 품위다. 삶에서 나이는 피할 수 없는 조건이다. 그 조건을 어떻게 받아들이냐 하는 것은 전적으로 그 사람의 몫이다. 덕지덕지 달라붙는 몸의 때로 여길 것이냐, 자신의 인격을 빛나게 착색하는 옻칠로 생각하느냐는 나이를 받아들이는 태도의 문제인 것이다.

나무를 배우는 사람은 나이를 통해서 경험과 지혜의 폭을 넓히는 사람이다. 나이가 들면 아름다워지거나 화석이 되거나 둘 중 하나라는데 나무를 닮으려 하는 사람은 적어도 화석화될 소지는 없는 사람이다.

오래된 꿈
장수

　므투셀라(므두셀라)는 구약에 등장하는 인물로 969세를 살았다. 성서에 등장하는 인물 중에서는 가장 오래 산 셈이다. 그의 나이 187세에 아들 라멕을 낳았고, 369세에 손자 노아를 얻었다. 그 노아가 600세, 증손자 셈이 98세 되던 해에 마침내 숨을 거뒀다. 증손자가 백수에 이를 때까지 살았던 전설 같은 이야기의 주인공 므투셀라.

　후세 사람들은 므투셀라라는 이름에 명예를 부여하고 장수를 기념했다. 1957년에 미국 애리조나 대학의 에드먼드 슐먼 박사는 캘리포니아주의 해발 3천 미터 높이의 산 정상에서 죽은 듯이 살고 있는 노목을 발견했다. 심재心材에서 손상되지 않은 목편을 추출해 현미경으로 나이테를 세보니 나무는 정확히 4,846세였다. 정확한 연대가 밝혀진 세계에서 가장 오래된 나무에 슐먼 박사는 므투셀라라는 이름을 주었다.

　로마의 정복 전쟁에 끝까지 항거하여 유대인의 저항과 희생의 상징이 된 마사다 요새에서는 가장 오래된 씨앗들이 발견되었다. 로마인들이 즐겨 먹으며 칭송했다지만 오래전에 멸종되었던, 아주 잘 보존된 대추야자 씨앗이었다. 그로부터 40년이 지난 뒤, 애지중지 보관하던 이 씨앗을 누군가 한번 심어보고 싶었다. 2005년의 봄날, 모두가 죽은 씨앗이라고 생각하며 심었던 화분에서 새순 하나가 자라났다. 탄소 연대 측정법으로 확인한 결과 마사다의 이 씨앗은 요새가 함락되기 수십 년 전부터 그곳에 보관되어 있던 것으로 추정되었던 것이다.

이 나무는 현재 3m가 훌쩍 넘게 자란 것으로 알려져 있다. 휴면 기간까지 따져 2,000살이 넘은 이 나무에도 므투셀라라는 이름을 붙였다. 출입문이 있는 별도 정원을 만들어주었고, 전용 급수 시설과 도난 경보기, 보안 카메라까지 설치했으니 이만하면 대접이 융숭하다 아니할 수 없다. 장수에 의미를 부여하고 그것을 기념하는 것은 동서와 고금이 다르지 않았던 모양이다. 므투셀라는 인간의 오래된 꿈이 투사된 이름이었다.

성경 속의 므투셀라는 어떻게 그렇게 오래 살 수 있었을까. 구약에서는 므투셀라에 버금가는 많은 장수인들이 등장한다. 최초의 인간 아담은 930세를 살았고, 므투셀라의 증조부 마할랄엘이 895세, 할아버지 예렛이 962세를 향수했다. 아버지 에녹은 365년을 살다 승천했고, 아들 라멕은 777년, 손자인 노아도 950년의 수명을 누렸다. 그 뒤로 사람들이 늘어나면서 하느님은 인간의 수명을 백이십 년으로 줄였다(「창세기」).

120세 수명까지는 그렇다 치더라도 800세, 900세의 수명은 과연 논리적으로 설명할 수 있는 문제인가. 세포를 처음 발견한 17세기의 과학자 로버트 훅이라는 사람은 그걸 신앙의 영역으로 덮어두지 않고 이색적인 설명을 내놓았다. 그는 노아 이전의 1년은 오늘날의 1년보다 짧았다고 생각했다. 지구의 공전 속도가 창세 시대와 지금이 다르다는 것이었다. 지구가 공전할 때 마찰력이 생기면서 속도가 느려지는 바람에 오늘날 1년의 길이가 더 길어지게 되었다는 주장이다. 결국 창세 시대의 인물이 오래 산 것처럼 보이는 것은 지금보다 짧은 1년을 기준으로 나이를 셌기 때문이지 인간 생애의 시간 총량은 어차피 똑같을 수밖에 없다는 기발한 의견이었다.

그러나 어느 시점에 갑자기 공전 마찰력이 증가했다는 가설은 입증되지 않았다. 로버트 훅의 주장은 과학적 상상의 산물이었던 셈이다. 사실 장수와 관련된 상상세계는 차고 넘친다. 로버트 A. 하인라인의 SF소설 『므두셀라의 아이들』(1958)은 시간의 유한성에 맞서 호모 헌드레드Homo Hundred를 뛰어넘는 신인류의 미래를 상상해본 작품이다. 19세기의 백만장자 아이라 하워드는 인간의 수명을 늘리는 방법을 찾기 위해 재단을 설립한다. 하워드가 죽은 뒤에도 재단은 장수 형질을 가진 집안의 아이들을 찾아 하워드 집안과 결혼시키는 교배 프로그램을 시행한다. 세대에 세대를 거듭하며 프로그램을 진행한 끝에 효과가 누적되면서 마침내 하워드 집안의 자연 수명은 200세를 가뿐히 넘어설 수 있게 되었다.

소설은 소설일 뿐이지만 이것이 현실화하지 말라는 법도 없다. 최근의 생명공학은 수명을 단축하는 노화 유전자와 수명 연장 단백질을 생성하는 장수 유전자를 찾아냈다. 노화 유전자의 작동을 제어하고 장수 유전자의 기능을 활성화한다면 죽음이라는 인간 숙명의 한계를 벗어날 날이 올 수도 있게 된 것이다. 낙관론자들은 자연과 과학의 오랜 싸움에서 우리 인간들이 반가운 승전보를 움켜쥘 날이 머지않았다고 믿는다. 그런데 그날이 언제가 될지는 아직 아무도 모른다.

노화 연구의 세계적인 학자 두 명이 장수 수명을 놓고 내기를 했다. 『인간은 얼마나 오래 살 수 있는가』를 쓴 스튜어트 올샨스키와 『인간은 왜 늙는가』의 저자인 스티븐 어스태드였다. 어스태드는 인간의 수명이 150세에 이를 것이라고 내다봤고 올샨스키는 생물의 수명 통계를 근거로 그럴 가능성이 없다고 일축했다. 양측의 생각이 맞설 때 서로 싸우는 것보다는 뭔가를 걸어놓고 검증을 기다리는 것도 한 가지 방법이다.

두 사람은 각자 신용기금에 150달러를 예치해 놓고 이후 죽을 때까지 매년 10달러씩을 적립해가기로 했다. 두 사람이 죽은 후에는 자손들이 대신 2150년까지 매년 같은 금액을 적립하기로 공증을 했다. 검증의 시간은 2150년이다. 2001년에 시작했으니까 150년째 되는 해에 내기의 결판이 나게 돼 있다. 당시의 미국 금리를 기준으로 계산하면 2150년에 약 5억 달러의 거금이 마련될 것으로 예상된다.

2150년 이전에 150세까지 생존한 사람이 나타나면 적립금 전액은 어스태드의 상속인에게 지불되고, 그렇지 않으면 올샨스키의 상속인에게로 돌아가야 한다.

누가 상속받을 것인지는 예측할 수 없다. 어스태드나 올샨스키 두 사람 모두 2150년에는 세상에 존재하지 않는다. 이 글을 읽는 당신도 아마 이승의 사람이 아닐 가능성이 크다. 어스태드의 후손에게 6천억 원의 횡재를 몰아줄 사람이 만약 나타난다면 그는 2000년 이전에 태어난 사람일 테고, 지금 막 물오른 청춘의 시기를 맞이하고 있을 것이다. 그 사람이 어떤 사람인지를 어스태드는 다음과 같이 예상한다. "일본 여성일 가능성이 크다. 대대로 오래 사는 집안에서 밝게 자란 아이다. 어른이 되면 키 150cm 안팎의 아담한 체구에 학력은 대졸 이상, 재산도 웬만큼 있고 사회적 지위도 높다. 튼튼한 체질이라 상당한 고령까지 병원 신세 지는 일이 거의 없을 것이다."

그렇다면 2000년대 이후 출생한 우리의 자녀들도 150세 장수 열차의 승객이 될 수 있을까. 어스태드가 한 말의 행간에 숨어 있는 장수 조건을 보면 장수는 아무에게나 주어지는 혜택이 아니다. 사는 곳의 환경적 조건, 타고난 건강과 장수 유전자, 일정한 지식수준과 경제력, 사회적 지위를 갖춰야 장수가 가능하다는 얘기다. 여기에 아직은 개발되지 않은, 노화 관련 유전자 기능을 바꾸는 항抗노화 약품까지 복용할 수 있어야 하는데 과연 모든 인류는 이 조건을 충족시킬 수 있을까. 150세 장수가 가능하다 해도 이는 결국 선택된

극단적인 소수만의, 혹은 어떤 사람만의 가능성 아니겠는가.

『므두셀라의 아이들』을 읽으면서 우리가 간과하기 쉬운 것도 이 문제였다. 하워드 일족이 장수 형질의 인위적인 재생산에 성공해서 얻은 것은 그들만의 장수였다. '그들'의 꿈을 성취한 거였지 '모두'의 꿈을 실현한 것이 아니었다. 하워드 집안은 다른 사람들에 대해 배타적이었고 밀교적이었다. 일반화되지 않은 특권적 독점적 장수는 보통 사람들에게 시기와 질투를 불러왔다. 장수 일족에게 불어닥친 박해와 배척을 피해 그들은 수시로 신분증을 위조하고 거주지를 옮기지만 지구에서의 삶은 더 이상 안전한 것이 되지 못했다. 가문의 구성원들이 체포되거나 살해되고 재산은 압수당한다. 결국 새로운 안식처를 찾아 지구를 탈출하는 강제된 출애굽의 시련을 겪어야 했다.

그러나 어쨌든 오래 살고 싶어 하는 인류의 꿈이 조금씩 실현돼 가고 있는 것은 사실이다. 어스태드의 생각처럼 지금으로부터 100년 전이라면 누구라도 감히 80대까지 살게 될 날을 꿈도 꾸지 못했을 것이다.

그런데 요즘 상가喪家에서 마주치는 영정사진 속의 망자亡者는 구순을 훌쩍 넘은 경우가 한두 분이 아니다. 100년 후 우리 아이들과 그들의 아이들도 지난 세기를 돌아보며 우리가 이렇게 오래 그리고 건강하게 살게 될지에 대해 상상이라도 했겠는가 하며 자기 부모 세대를 떠올릴 것이다. 그렇게 우리는 해마다 평균수명이 늘어나는 통계를 실감하며 살아가고 있다.

하지만 '평균'이라는 낱말에 현혹되어서는 안 된다. 그 평균에는 기준점을 중심으로 분산이 존재한다. 그래서 평균이라는 말은 허상이고 거짓 위안일 때가 있다. 중학교 때 우리 반은 수학시험에서 평균으로 전 학년 1등을 했다. 그런데 선생님은 성적이 평균 이하인 우리를 하나하나 불러 운동장으로 쫓아냈다. 30명도 넘는 우리 반 평균 이하들은 '수학 열심, 정신 차려'를 교창交唱하며 운동장을 돌고 돌았다. '얼차려'라는 이름으로 아마 열 바퀴는 더 돌았을 것이다. 향후 평균 1위의 업적을 갉아먹을 위험 인자에 대한 제어프로그램의 작동이었다.

평균이라는 말의 함정은 수명에도 있다. 주위를 둘러보면 안다. 지금의 내 나이보다 일찍 세상을 떠난 친구나 후배들이 한둘이 아니다. 추모공원에 가서 봉안시설에 안치되어 있는 고인의 생몰 연대를 살펴봐도 그렇다. 안타깝지만 사진 위패 속에는 20대, 30대의 얼굴도 자주 눈에 띈다. 세월호는 어린 학생들에게마저 바다의 수의를 입혔다. 이태원의 좁은 골목 속으로 팔랑거리며 흘러들었던 푸른 청춘들은 심장이 부서진 채로 들것에 실려 나왔다. 인생은 시내버스의 승객과 같아서 먼저 탔다고 반드시 먼저 내려야 하는 것이 아니다. 그러니 이른 나이에 세상과 작별한 사람들에게 평균수명이 늘어나는 것이 무슨 상관이란 말인가. 평균수명 80세라는 말은 모두에게 균등한 80세를 보장한다는 뜻이 아니다. 수학시험에서 100점을 맞은 사람도 있고 40점을 맞은 사람도 있듯이, 100세를 사는 사람이 있는가 하면 30세로 생을 하직하는 사람이 있다. 우리 아버지는 43년의 생애를 사셨다.

지금 건강하다고 해서 내일까지 살아있으리라는 법은 없다. 백세 인생이라지만 내일 일은 아무도 모른다. 흔히 말하듯이 오늘 밤에라도 '그분'이 호출하면 따라나서야 하는 것이다. '염라대왕이 삼경三更에 부르면 오경五更까지 살 수 없다'는 중국 속담도 우리에게는 생사를 결정할 주도권이 없음을 통찰한 어록이다. 죽음은 무방비의 삶에 쳐들어온 끔찍한 야만인이다. 그 전장에서 나와 야만인 사이에는 아무런 완충지대도 없다.

스페인 화가 고야의 〈죽음이 올 때까지〉도 죽음의 불시성不時性을 성찰케 하는 영감을 준다. 죽음의 사자가 바로 머리 뒤에 와서 카운트다운을 하고 있는데도 주인공은 외모를 치장하는 데 여념이 없다. 노인의 외모로 보아 죽음의 문턱에 가까이 와 있음을 알 수 있다. 그런데도 몸에는 다이아몬드 장식에 화려한 신부의 옷차림을 하고 있다. 시녀가 내미는 거울을 보면서도 자신의 현실을 아직 깨닫지 못하고 있다. 저승사자는 빗자루로 이 여인을 단숨에 쳐내려 쓸어버릴 기세다.

피골이 상접한 노파가 신부의 옷차림을 하고 있는 것은 젊음의 환상에서 깨어나지 못하고 있다는 증거다. 우리도 그렇게 천년만년 살 것이라는 환상을 가지고 있다. 그건 아주 오래된 꿈이다. 그리고 언젠가 꿈은 현실이 될지도 모른다. 그러나 그 꿈의 실현은 우리의 몫이 아니다. 더구나 우리는 그 꿈의 실현의 수혜자가 될 가능성도 없다. 에피쿠로스가 말했다. "못 가진 것에 대한 욕망으로 가진 것을 망치지 말라. 지금 가진 것이 한때는 바라기만 했던 것 중 하나였다는 것도 기억하라." 우리는 지금 살아있고, 이 글을 읽고 있다. 이것만으로도 누군가 갖지 못한 것을 누리고 있는 중이다.

생사의 순환이 멈춘 디스토피아
◇◇◇
불로장생

　내게 허락된 수명은 앞으로 얼마나 남아있을까. 잔여 수명을 추산할 수 있는 가장 합리적인 계산법은 기대수명 계산기에 필요한 조건 정보들을 입력해보는 것이다. 단순하고 무지하지만 현재의 평균수명에서 자신의 나이를 빼보는 방법도 있다. 평균수명이라는 말의 함정을 알지만 나이가 많은 사람은 그 숫자에 수긍이 잘 안 간다. 진짜 얼마 남지 않았다. 시한부다! 그래서 자신의 여생을 늘려볼 궁리를 한다. 지금은 100세 시대라고 하니 자신의 여명을 100을 기준으로 뺄셈을 해보는 것이다. 말은 안 했어도 뺄셈 계산을 하는 것을 보면 장수 욕심에 대한 속마음이 은연중 나타난다.

　구약에서는 인간수명을 120세로 보았지만 대략 2600년 전에 태어난 공자는 '고희古稀'까지 사는 것도 힘들다 했다. 그는 물론 73세의 나이로 생을 마쳤다. 그 시대에는 장수의 한계가 거기까지였다. 그보다 한참 뒤인 19세기 독일의 그림 형제가 생각했을 때도 역시 인간의 수명은 70세까지가 고작이었다. 그림 형제의 우화집에 나오는 「수명」에서는 '70세 수명론'이 나오는데, 묘하게 설득력이 있다.

태초에 하느님이 뭇 생명들에게 수명을 정해 줄 때였다. 당나귀, 개, 원숭이, 인간을 불러서 각자 30년씩의 수명을 주겠다고 하고 의견을 물었다. 당나귀와 개와 원숭이는 자신들의 삶이 고달프다며 하나같이 수명을 줄여달라고 애원했다. 인자하신 하느님은 그들의 처지를 딱하게 여겨 당나귀에게는 18년을 줄여주었고, 개는 12년을, 원숭이는 10년을 각각 줄여주었다.

인간만이 30년의 수명이 짧다며 투덜거렸다. 마음이 넓으신 하느님은 인간의 불평도 받아들여 당나귀가 버린 18년, 개가 버린 12년, 원숭이가 버린 10년을 모두 인간에게 몰아주기로 하였다. 인간은 덤으로 얻은 40년을 합하여 70년의 수명이 생겼다. 인간은 본래의 수명인 30년 동안은 즐겁게 살 수 있었다. 하지만 그 시간은 아주 순식간에 지나갔다. 이후 18년 동안은 어깨에 무거운 짐을 지고 죽어라 일만 하는 당나귀의 삶을 살아야 했다. 그다음 12년 동안은 개처럼 묶여서 으르렁거리는 입만 가지고 살아야 했다. 마지막 10년 동안은 원숭이처럼 어리석은 짓만 하며 남이 던져주는 음식만 먹다가 생을 마치게 되었다.

그림 형제는 이 우화를 통해 전하려는 메시지가 있었을 것이다. '인간은 오래 살고 싶어 한다. 그런데 오래 살려면 고통이 따를 수 있음을 알아야 한다. 이승이 좋다면 개똥밭에 구를 각오도 해라(전분세락轉糞世樂).' 성경의 「시편」 저자도 인생 말년의 어려움을 다음 문장으로 정리했다. "인생은 기껏해야 칠십 년, 근력이 좋아야 팔십 년, 그나마 거의가 고생과 슬픔에 젖은 것, 날아가듯 덧없이 사라지고 맙니다"(공동번역). 그렇다. 오래 산다는 것은 그에 따른 고난도 비례하는 것. 앞장에서 우리는 하워드 일족(『므두셀라의 아이들』)이 치러야 했던 장수의 대가를 살짝 들여다봤다. 누군가에게 장수는 소원이겠지만 그들이 꾸는 꿈은 악몽으로 변한다.

조나단 스위프트가 쓴 『걸리버 여행기』는 장수가 아니라 아예 '불사不死'를 욕망하는 인간의 허욕을 드러내놓고 비판한다. 사람이 죽지 않는다면 장기적인 계획을 세워 하고 싶은 일을 얼마든지 할 수 있을 것이다. 가령, 조금씩만 저축을 해도 200년을 하면 큰 부자가 될 수 있고, 공부를 해도 꾸준히 학식을 쌓아 대학자가 될 수 있으리라는 것이 걸리버의 기대였다. 이런 순진한 생각이 무너진 것은 스트럴드브럭struldbrug이라는 불사의 인간들이 살고 있는 럭낵Luggnagg 마을을 방문하고 나서였다.

스트럴드브럭은 죽지 않는 대신 날이 갈수록 건강과 기억을 잃어 간다. 탐욕과 독선, 역정과 심술로 가득 차 있어서 그들에게 인간으로서의 존엄과 품위는 찾을 길이 없다. 그들에게는 비참하고 노추한 육체의 영생만이 있을 뿐이다. 불사는 주어졌지만 불로不老까지 허락되지 않았던 것이다. 노망은 그나마 축복이었다. 앞으로도 절대 죽지 않는다는 끔찍한 전망을 망각할 수 있기 때문이다. 불사의 인간에게 가장 부러운 것은 무엇이었을까. 이웃마을 노인들의 장례식이었다. 죽음이 가장 부러웠다. 그제야 걸리버는 깨닫는다. 죽지 않고 늙기만 하는 존재가 얼마나 혐오스러운지를. 럭낵은 유토피아가 아니었다.

영생의 참혹함을 그린 이야기는 그리스 신화에도 나온다. 티토노스Tithonos라는 한 잘생긴 남자가 있었다. 새벽의 여신 에오스Eos가 이 남자를 보고 사랑에 빠졌다. 사랑에 눈이 멀면 누구나 그렇듯이 에오스도 앞뒤를 재지 못했다. 단걸음에 제우스를 찾아가 이 남자에게 영원한 삶을 갖게 해달라고 졸라댔다. 그 바람에 에오스가 실수를 했다. 영원히 사는 삶을 달라고만 했지 늙지 않는 삶까지 달라고 하는 것을 빼먹었던 것이다. 노인이 된 티토노스는 몸도 제대로 가누지 못하게 됐고 마침내 끊임없이 중얼거리며 온 방 안을 휘젓고 다니는 망령이 났다. 잘생긴 티토노스를 사랑했던 에오스는 정신까지 이상해진 티토노스를 더 이상 견딜 수가 없었다. 급기야 그를 매미로 만들어버렸다. 한여름에 끊임없이 울어대는 매미 소리는 제우스의 잘못된 선물 때문일 것이다.

죽지 않는 사람들의 디스토피아는 아르헨티나의 작가 호르헤 루이스 보르헤스의 소설에도 나타난다. 주인공은 마시면 죽지 않는 '영생의 강'의 존재를 우연히 알게 되었고, 우여곡절 끝에 그 강이 있는 '죽지 않는 사람들의 도시'에 도착하게 된다. 그러나 그곳에서 주인공이 깨달은 것은 영생은 곧 불행이라는 사실이었다. 그 도시의 시민권을 가지고 있는 한 노동자가 채석장의 깊은 바닥으로 추락하는 사고가 일어났다. 동료들이 밧줄 하나를 내려주어 추락한 사람을 구조하는 데 70년이 걸렸다. 아마도 긴급하게 그를 구조해야 할 필요를 느끼지 못했을 것이다. 어차피 그는 죽지 않을 사람이었다.

그 도시에서 사람들은 아프거나 고통을 겪을 수는 있어도 끝내 죽지 않는다. 죽지 않으므로 이별도 없고, 슬퍼할 일도 없다. 슬픔이나 눈물이 없으므로 기쁨과 즐거움도 없다. 인고도 기다림도 없다. 그리하여 보람도 없고, 의미를 부여할 가치도 없다. 당연히 행복도 없다. 오늘 못하면 내일 하면 되고, 수십 년 후에 해도 상관없다. 무한대로 주어진 시간 속에서 모든 감정은 소거된다. 영원히 죽지 않는 사람들의 도시는 유토피아가 아니라 지옥이었다. 모든 것이 반복되는 영원의 삶에 절망한 주인공은 다시 '불멸을 제거하는 강물'을 찾아 떠나고, 마침내 죽음을 맞이한 주인공은 행복을 되찾게 된다. 『알렙』이라는 단편집에 실린 「죽지 않은 사람들」의 내용이다.

고대의 동서 영웅들도 불로든 영생이든 그들의 시도는 다 허망한 해프닝으로 끝났다. 진시황도 뜻을 이루지 못했고 바빌로니아의 영웅 길가메시gilgamesh도 영생에 실패했다. 대제국을 개척한 위대한 군주 알렉산드로스 대왕도 오랫동안 찾아 헤맨 생명수를 마시지 못했다. 진시황은 동남동녀 3천 명을 대동시킨 서복에게 속아, 불로초는커녕 울화와 분노만 새기면서 49세의 단명으로 뜻을 접어야 했다. 길가메시 또한 간난신고 끝에 영생의 약초를 찾았지만 한눈을 파는 사이 뱀에게 도둑맞고 말았다. 알렉산드로스 대왕 역시 가까스로 발견한 생명수를 마실 뻔했지만 길을 잃는 바람에 몸종인 앙드레에게만 좋은 일을 시켰다. 그의 나이 서른세 살이었다. 이 영웅들은 개인적인 낙담은 컸지만 누구라도 죽음의 운명을 바꾸는 것이 불가능하다는 진실만은 분명히 보여주었다.

죽음에 대한 두려움은 본능에서 나온다. 다른 생명체도 마찬가지겠지만 인간 역시 생존본능이 강한 유전자만 살아남았다. 낭떠러지 앞에서 우리는 죽음의 공포를 느낀다. 언덕 위에서 집채만 한 바윗돌이 굴러 내려오면 깔리지 않으려고 급히 몸을 피한다. 떨어지거나 말거나, 깔리거나 말거나 그런 거 상관 않는 바보는 다 죽어서 자손을 퍼트리지 못했다. 우리는 죽음을 본능적으로 두려워하던 선조들의 후손이다. 죽음의 공포는 삶에 대한 애착으로 이어진다. 오래 살고 싶다. 이왕이면 늙지 않고 영원히 살아서 미완의 삶을 완성하고 싶다. 이 소망이 불로장생을 꿈꾸게 한다.

그것은 인간적인 꿈이다. 죽음의 지배에서 한 발짝도 벗어날 수 없음을 알수록 거기서 벗어나고 싶은 꿈은 더 커진다. 한계를 뛰어넘으려는 노력이 도전을 추동한다. 인간은 도전하는 존재이다. 그러나 원하는 도전을 다 성취하는 것은 인간이 하는 일이 아니다. 인간이 직접 하늘을 날아갈 수 없어서 비행기를 만들었다. 몸의 한계를 인정하고 우회하는 방식을 선택한 것이다. 그것처럼 어떤 사람은 종교를 통해 내세에 기대를 건다. 이승의 결핍을 내세의 영생이 보상해줄 것으로 믿는다.

내세를 입증하는 데 실패한 어떤 사람들은 현실의 벽을 무너뜨리려고 했다. 자연과학자인 르네 데카르트는 구약성서의 인물들처럼 살기 위한 수명 연장 연구에 매진했다. 자신도 그들처럼 오래 살 수 있다고 장담했지만 겨우 쉰셋의 나이에 폐렴으로 죽었다. 그가 죽었을 때, "원하는 만큼 오래 살 수 있다고 주장한 바보가 죽었다."고 조롱한 신문도 있었다. '아는 것이 힘이다'는 명언을 남긴 사람은 프랜시스 베이컨이다. 그는 역대 장수인들이 살아온 방식을 연구하면서 닭의 사체에 얼음을 채워 오래 보관하는 실험을 하다 감기에 걸려 죽었다. 생명 연장이 가능하다고 믿었던 그의 신념은 자신의 65세 죽음으로 그것이 부질없다는 것을 확인해줬다.

장자가 한 말이 있다. "굴뚝새가 깊은 숲에 둥지를 틀어 봤자 가지 하나밖에 차지하지 못하고, 쥐가 황하강에서 물을 마셔 봤자 자기 배만큼만 마실 수 있다." 장자가 다시 살아온다면 이런 말을 할지도 모르겠다. "인간이 아무리 날고뛰고 발버둥 쳐봤자 잘해야 100세고, 돈과 명예와 권력이 하늘을 찔러봤자 천수天壽를 넘기지 못한다." 천수란 무엇인가. 하늘이 정해준 인간생명의 지상에서의 유통기한이다. 유통기한이 지난 우유 한 병조차 마시지 않으려는 인간이 생명의 유통기한을 무시한다는 게 말이 되지 않는다.

그래서 수천 년 동안 사람들은 이야기를 만들어 인간의 뿌리 깊은 욕망에 경고를 보냈다. 영생을 꿈꾸는 것이 모두 다 부질없는 환상이라고 깨우쳤다. 죽음이 행복이라는 것은 역설이지만 존재의 유한성 앞에 겸손하라는 뜻이기도 하다. 세상의 모든 가치와 의미는 유한성에서 나온다. 건강도 한계를 느낄 때 그것의 소중함을 깨닫는다. 보석이 돌멩이보다 가치 있는 것은 희귀성이라는 한계 때문이다. 생명의 유한성은 인간의 삶에 의미와 가치를 부여하고 지금의 삶에 더 충실할 것을 촉구한다.

생사의 순환이 멈춘 불사의 세계는 끔찍하다. 불사란 모든 시간을 다 누린다는 것이고 그 시간 속에 포함된 고통까지 다 가진다는 뜻이다. 럭낵 마을에서 불사의 참상을 목격한 걸리버는 한때라도 자신이 누리고 싶어 했던 영생의 욕망을 털어버렸다. "나는 불로장생에 대해 품었던 행복한 공상들이 진심으로 부끄러웠"다고 고백했다. 우리가 꿈꾸어야 할 소망은 따로 있다. 고종명考終命이다. 운명의 신이 정해준 천수를 평화롭게 누리다가 고통 없이 생을 마칠 수 있는 죽음의 복福을 기원해야 한다. 물론 신이 그 소망을 들어준다는 보장까지는 없지만.

창문 없는 집
◇◇◇
무덤

　가고 싶지는 않지만 평생에 몇 번은 가야 하는 곳이 있다. 그리고 언젠가는 관찰자나 참여자의 시점으로가 아닌 당사자의 몸으로 '실려 가야' 하는 곳이다. 자신의 의지는 포박당한 채 순전히 타인의 의지만으로, 그곳 시스템의 절차에 따라 '무無'를 향하여 이동'되'는 곳이다. 전에는 공동묘지였다가 공원묘지로 바뀌고 지금은 추모공원으로 이름이 대체된 공간이다. 추모공원과 그곳 봉안당.

　추모공원이 이 시대의 대표적인 혐오시설이라는 건 아이러니다. 무덤이란 기실, 언젠가는 내가 입주하고 또 누군가가, 우리 모두가 입주해야 하는 생의 끝 집이 아니던가. 집이란 사는 동안 우리가 그토록 집착하고 목숨을 바쳐 그 경계를 지키려 하던 금단의 영역이었다. 평수를 늘리고 거기에 금빛 휘장을 두르고 정원에 값비싼 소나무를 심고 담을 공고히 하기에 혈안이 되었던 바로 그 집 말이다.

　그 집이 인생의 마지막에 도달하는 곳이라는 점에서 '무덤'이라는 다른 이름을 얻기는 했지만 그래도 집은 집이다. 다른 게 있다면 창문이 있고 없고의 차이일 텐데, 그게 사실 이해가 아주 안 가는 건 아니다. 신라시대 왕의 무덤인 천마총에는 금관 같은 보물이나 생전에 사용하던 토기 등의 살림살이가 있지만, 그 집에도 문은 없다. 밖을 내다볼 수 없고 다른 사람을 초대할 수도 없다. 소통과 교류가 없다. 그래서 무덤이기는 한데, 문 하나의 차이가 하늘과 땅 사이의 거리를 만든다. 문이 있는 집은 지상의 천국이 되고, 문이 없는 집은 혐오의 용광로가 된다.

오늘 나는 추모공원 주차장에 차를 세우고 안으로 들어선다. 죽음을 한번 묵상해 보자고 일삼아서 들러본 길이다. 순전히 객관적 관찰자 시점만으로 주변을 어슬렁거려볼 참이다. 몇 대의 영구차가 보이고 상복을 입은 사람들, 함께 온 친지들이 삼삼오오 오가고 있다. 관망실 앞에 서 있으려니 화장의 진행상황이 전광판으로 송출되고 있었다. '화장중', '수골중'이라는 문자판을 읽다가 문득 소설가 김훈의 「어떻게 죽을 것인가」라는 짧은 에세이가 떠올라 글을 찾아보았다.

> 원통하게 비명횡사한 경우가 아니면 요즘에는 유족들도 별로 울지 않는다.
> 부모를 따라서 화장장에 온 청소년들은 대기실에 모여서 아이스크림을 먹고 스마트폰으로 게임을 하고 있었다.
> 제 입으로 "우리는 호상(好喪)입니다"라며 문상객을 맞는

상주도 있었다.

  그날 세 살 난 아기가 소각되었다. 종이로 만든 작은 관이 내려갈 때, 젊은 엄마는 돌아서서 울었다. 아기의 뼛가루는 서너 홉쯤 되었을 터이다.

  뼛가루는 흰 분말에 흐린 기운이 스며서 안개 색깔이었다. 입자가 고와서 먼지처럼 보였다. 아무런 질량감도 느껴지지 않았다.

  물체의 먼 흔적이나 그림자였다. 명사라기보다는 '흐린'이라는 형용사에 가까웠다. 뼛가루의 침묵은 완강했고, 범접할 수 없는 적막 속에서 세상과 작별하고 있었다.

  금방 있던 사람이 금방 없어졌는데, 뼛가루는 남은 사람들의 슬픔이나 애도와는 사소한 관련도 없었고, 이 언어도단은 인간 생명의 종말로서 합당하고 편안해 보였다.

  죽으면 말길이 끊어져서 죽은 자는 산 자에게 죽음의 내용을 전할 수 없고, 죽은 자는 죽었기 때문에 죽음을 인지할 수 없다.

  인간은 그저 죽을 뿐, 죽음을 경험할 수는 없다.

김훈은 이 글에서 '삶의 무거움과 죽음의 가벼움'을 생각한다고 썼다. 시인 오세영은 "삶이란 중력을 거스르는 일"이고 "죽음이란 중력에 내맡기는 일"(시, 「바람 불다」)이라고 썼다. 소설가와 시인의 생각이 묘하게 호응하고 있다는 생각이 든다. 삶이 무거운 것은 중력에 맞서야 하기 때문이고 죽음이 가벼운 것은 중력에 순응하는 것이기 때문일 터. 부자든 빈자든, 늙은이든 젊은이든 인생의 끝은 언제나 똑같지만 거기에 이르는 우여곡절은 먼 대양을 항해하는 것만큼이나 길도 많고 험하기도 할 것이다. 그래서 삶이 무겁고 힘겹고 복잡한 것 아니겠는가. 이 생각이 옳다면 실상 삶이 두려운 것이지 죽음이 두려운 것은 아니다. 고대 그리스의 에피쿠로스 역시 같은 생각이었던 것 같다. 그에게도 죽음은 전혀 두려운 것이 아니었다. "우리가 아직 이 세상에 있을 때는 죽음이 우리에게 다가오지 않았고, 죽음이 우리에게 다가왔을 때는 우리가 이 세상에 없으니까 말이다." 지금 여기의 삶도 버거운데 아직 오지 않은 죽음까지 쳐다볼 필요가 있을까. 그러나 철학자와 현자들은 지금 여기의 삶과 함께 죽음까지도 똑바로 응시하라고 가르친다. 두려워하지 말라고, 어차피 그것도 너희 것이라고 일깨운다. '오늘은 나, 내일은 너Hodie mihi, Cras tibi', 그러니 너에게도 죽음은 어김없이 찾아올 거라고 속삭인다. 메멘토 모리Memento Mori, 죽음을 기억하라고 상기시킨다.

우리의 삶은 지금 바닷길 어디쯤에 와 있을까. 항구의 깜박이는 등대 불빛이라도 보이는가. 그렇다면 정박의 시간이 머지않은 것이다. 저 먼 옛날 로마의 현자 키케로가 말했다. "죽음에 더 가까이 다가갈수록 마치 오랜 항해 끝에 드디어 육지를 발견하고는 항구에 들어서려는 것 같은 느낌이 든다"고. 키케로는 이런 말도 했다. "내가 삶을 떠날 때 집이 아니라 여인숙을 떠나는 듯한 느낌이 들 것 같네. 자연이 우리에게 준 것은 임시로 체류할 곳이지 거주할 곳이 아니기 때문일세". 그래서일까. 장례식장에서도, 화장장에서도 떠나는 사람을 위한 이별의 예식만 있을 뿐 애통이 없다. 슬픔의 감각적 실물인 눈물과 울음이 보이지 않는다. 여행자의 임시 체류지인 여인숙을 떠나 마침내 본집에 안착하는 것이니까. 천상병 시인 식으로 말하면 이 세상에서의 '소풍'을 끝내고 돌아가는 것이니까. 죽음은 소유가 떠나고 기억이 떠나고 사랑이 떠나고 온갖 비밀이 함께 떠나는 것이다. 그리하여 죽음은 무無가 되고 공空만 남는다. 높은 자와 낮은 자, 가진 자와 없는 자를 모두 평등하게 만든다.

우리는 마치 죽지 않을 것처럼 인생을 산다. 생로병사라는 피할 수 없는 인생 여정을 남의 일처럼 생각하고 살아간다. 그러다가 무방비의 삶에 쳐들어온 질병과 죽음의 이방인을 만나고서야 아차! 한다. 어제저녁에 만나 같이 식사까지 하고 헤어진 사람에게서 다음 날 아침 느닷없는 부음을 듣기도 한다. 내 가족 중에, 이웃 중에 그런 소식이 들려올 때마다 구약성서 <코헬렛> 1장을 중얼거린다. "허무로다, 허무! 모든 것이 허무로다!"

먼 나라 일처럼, 내 주변에선 일어나지 않을 일처럼 생각하던 고독사를 옆에서 보았다. 너무도 빠른 63세의 고독사. 어릴 적 친구였던 그는 한 달이나 방치된 채의 주검으로 발견되었다. 우울했다. 친구로서의 죄책감, 당장 지금이 아닐 뿐이지 언제 또 내 문제, 우리의 문제로 찾아올지 모른다는 현실감, 이런 것들이 아프게 뼈를 두들겼다. 뻔질나게 친구들 소식을 전하며 '카톡 카톡' 하던 소리도 그날만은 숨을 죽이고 있었다. 고향 언저리의 산속 외딴 집에서 혼자 지내다가 황망히 떠난 내 친구는 무덤도 얻지 못하고 친구들의 술 한 잔도 받지 못했다.

나는 어릴 때 동네 이름이 '장벌'인 바닷가에서 살았다. 백사장에서 모래로 집도 짓고 성도 쌓으며 놀았다. 서로 모래를 높이 올려서 누구 집이 더 큰가 내기하는 데 정신이 팔려있었다. 자치기를 하거나 모래사장에 금을 죽 그어놓고 땅 뺐기 놀이를 하다보면 시간 가는 줄을 몰랐다. 그러다 누군가의 엄마가 이름을 부르며 저녁 먹으라는 소리가 들려오면 애지중지하던 모래성을 사정없이 차버리고 밥상으로 달려가던 때가 있었다. 차버리지 않더라도 파도가 와서 다 쓸어버릴 모래성이었다.

사실 우리는 인생의 모래성 쌓기를 멈추지 못한다. 내 아이의 등수 올리기에 안달하고 친구의 명품 지갑 자랑에 마음이 상한다. 남보다 좋은 자동차, 넓은 아파트를 갖기 위해 아등바등하는 것을 인지상정이라고 공감해준다. 남보다 많이 갖지 못하면 인생의 루저가 된다고 생각한다. 하지만 엄마가 아이를 부르면 달려가듯, '그분'이 부르시면 집, 땅, 사랑, 다 놔두고 따라나서야 하지 않겠는가. 그것들 모두 바닷가 모래성에 불과하지 않은가.

많은 감회가 오가는 사이, 누군가의 화장이 끝나고 유골이 다 냉

각된 모양이다. 상주를 호명하는 방송과 함께 직원의 정중한 안내를 따라 유족들이 수골실로 들어선다. 미리 준비해둔 유골함에 유골을 담아 인계인수가 이루어지면 그걸로 화장 절차는 종료된다. 한 줌 흙으로 돌아간다더니, 적게는 몇 년 많게는 백 년, 한 사람의 생애가 남긴 것은 몇 홉의 잿빛 골분뿐이었다.

　김훈이 쓴 앞의 글에서 작가는 이런 이야기를 덧붙인다. "뼛가루를 들여다보니까, 일상생활하듯이, 세수를 하고 면도를 하듯이, 그렇게 가볍게 죽어야겠구나, 라는 생각이 들었다." 죽음이 단순히 삶의 단절, 생명의 마침표라면 죽음은, 죽음의 묵상은 아무 의미가 없다. 뼛가루를 들여다봄으로써 그걸 통해 우리 삶을 들여다볼 수 있어야 한다. 죽음은, 비록 그게 제삼자의 것일지라도, 우리의 삶 속에 깊이 들어와 있어야 한다. 죽음을 만남으로써 우리의 삶이 당연한 것이 아님을 깨달아야 하며, 삶이 특별히 주어진 혜택이며 선물이라는 것을 받아들여야 한다. 그렇게 하여 죽음이 달라지는 것이 아니라 우리 삶이 달라져야 하는 것이다. 요는 어떻게 죽어야 할까가 아니라 어떻게 살아야 할까로 귀결되는 것이 죽음에 대한 학습의 의미인 것.

　앞에서도 언급했던 앨봄의 『모리와 함께 한 화요일』은 삶과 죽음에 관한 수업 노트이다.(어머니와 딸의 사색과 대화를 주고받은 노엘 샤틀레의 소설 『마지막 수업』과 비교되는 작품이고, 소노 아야코와 알폰스 데켄 신부가 주고받은 편지 모음집인 『죽음이 삶에게』와도 비견되는 작품이다) 작가는 매주 화요일에 한 번씩 모리 교수의 집을 방문해서 조금씩 육신이 허물어져 가는 교수에게 인생의 의미, 죽음의 의미를 배우고 기록한다.

> "미치, 어떻게 죽어야 할지 배우게 되면 어떻게 살아야 할지도 배울 수 있어."
> 그는 이렇게 말했다. 나는 고개를 끄덕였다.
> "다시 말하면, 일단 죽는 법을 배우게 되면 사는 법도 배우게 된다네."

나도 오늘 이 추모공원의 화장터에서 타자에게 삶과 죽음에 관한 교훈을 한 수 얻어야 하는 것임을 알고 있다. 독학으로는, 경험으로는 미처 알 수 없는 것들을. 하여 삶의 교훈들을 무수히 품고 있는 인생 잔해를 따라 봉안당으로 들어선다.

그곳 봉안당에서 나는 옷깃을 여미고 수많은 죽음들과 대면한다. 아직 그곳의 초대장을 받지 않은 것에 안도하며 자신의 입주 날짜를 가늠해 보기도 한다. 그리고 그곳의 입주는 접수순대로 이루어지지 않는다는 것을 발견한다.

봉안당의 안치함은 한 사람의 생애를 갈무리한 수납창고이다. 거기서는 더 이상 시간이 흐르지 않는다. 태어난 날과 죽은 날이 '생生'과 '졸卒'의 두 줄에 요약될 뿐이다. 봉안당은 푸코의 말을 빌리면 박물관이나 도서관 같은 곳이다. 거기 있는 이들의 꿈과 소망, 과시와 탐욕, 사랑과 비굴, 취향과 애착의 아카이브가 구축되어 있는 곳이다. 모든 시간과 세대가 만들어낸 기억의 책들이 책장을 이루고 있는 도서관이다.

봉안당은 기억의 저장소, 죽은 이들의 한 생을 품고 있는 무덤이다. 무심한 듯 나란히 줄맞춰 있는 죽은 자들의 도시에서 어떤 이들은 추억을 호출하며 운다. 가로세로 한 자도 되지 않는 이 전체주의적인 공간에도 망각을 거부하는 묘비명이 서 있다. "故 박종태(1981.4.2~2013.5.29). 광호, 혜인이의 아빠로서 고생 많았어요. 당신과 함께한 시간이 길지 않았지만 최선을 다해 줘서 고맙습니다. 그곳에서도 우리 아이들 지켜봐 주세요. 사랑합니다."

봉안당은 감정이입을 가르치는 인생 학교다. 감각의 미로를 통해 스며온 남은 자의 속울음을 꺼안고 그것에 섞여들라고 가르치는 생의 교정校庭이다. 봉안당은 도서관 책장 한 편에 꽂아놓은 얇은 지혜서이다. 앞서의 소설가가 말한 것처럼 "화살이 시위를 벗어나 과녁에 맞는 그 순간까지가 인생"이라고 '쏜살같은' 인생을 가르친다.

죽음에 대하여 우리가 아는 것은 다섯까지뿐이라고 한다. 누구나 죽는다, 순서가 없다, 아무것도 가져갈 수 없다, 누구도 대신할 수 없다, 산 자는 경험해 볼 수 없다. 이 만고의 진리를 떠올리며 나의 미래를 상상해 본다. 길든 짧든 우리의 뼈와 살이 정신을 포기하고 무기력하게 드러누울 때가 있으리라. 언젠가 우리 몸은 가뭇없이 지워질 때가 있으리라. 우리가 아무리 몸부림쳐 봤자 맨 마지막에 차지할 공간은 책장 같은 봉안당 작은 한 칸일 뿐이다.

봉안당을 빠져나와 '문 없는 집의 문'인 주차장으로 들어선다. 새로운 영구차가 들어오고 여전히 상복 입은 사람들을 에워싼 삼삼오오 속에서 누군가는 스마트폰을 들여다보고 누군가는 환하게 웃으며 악수를 청하고 있다.

노년의 발견

초판 1쇄 발행 2022년 11월 25일
초판 2쇄 발행 2023년 1월 10일

지은이 윤성희
펴낸이 노준희
편　집 노준희
디자인 현민영 김윤혜
펴낸곳 더좋은출판
출판등록번호 제2021-000042호
팩　스 050-4242-7601
주　소 충남 천안시 서북구 불당 34길 3-16 1층 106호
전자우편 thejoenbook@naver.com

ISBN 979-11-976469-1-1

이 책은 신저작권법에 따라 보호받는 저작물이므로 무단전재와 무단복사를 금합니다.
이 책 내용 일부 또는 전부를 이용하려면 저작권자와 출판사의 동의를 받아야 합니다.
잘못 만든 책은 구입처에서 교환해드립니다.

> 더좋은출판은 독자 여러분의 참신한 기획 아이디어와 독창적인 원고를 기다립니다.
> thejoenbook@naver.com으로 보내주시면 소중하게 살펴보겠습니다.